U0919944

“十二五”国家重点出版物出版规划项目

人才强国研究出版工程·国外人才发展丛书

国外人才能力标准与评价

GUOWAI RENCAI NENGLI BIAOZHUN YU PINGJIA

中国人事科学研究院　编

方振邦　著

党建读物出版社

国外人才发展丛书编委会

前　言

进入新世纪，我国制定并全面实施了人才强国战略，提出到2020年，实现进入世界人才强国行列的宏伟目标。当前我国人才发展的总体水平同世界先进国家相比仍存在较大差距。为了使我国的人才工作具有国际竞争力，急需借鉴国外人才发展经验，以便为我国实施人才强国战略提供参考。为此，中国人事科学研究院和党建读物出版社合作，于2011年底开始启动国外人才发展丛书项目。

国外人才发展丛书项目坚持为我所用的原则，围绕我国实施《国家中长期人才发展规划纲要（2010—2020年）》（以下简称《规划纲要》）的实际需要，选择典型国家的人才发展政策法规和创新实践，在深入分析和研究的基础上，分为专题、国别和名著三个系列，进行原汁原味地编译、翻译。

专题系列以《规划纲要》提出的人才发展体制机制为核心内容，系统介绍各国人才发展相关政策法规、创新做法和实践经验，具体包括：国际人才竞争战略、国外人才评价发现、发达国家人才流动配置以及国外高技能人才开发战略等。

国别系列以典型国家的人才发展经验为主线，每本书介绍一个国家的人才发展战略、创新政策和典型实践，具体包括：美国、加拿大、英国、德国、日本和新加坡等。

名著系列聚焦世界各国人才理论与实践研究方面的经典著作，重点关注体现人才发展一般规律的重要思想、理念和方法的著作，具体包括：全球创新政策报告、欧洲主要国家人事管理制度等。

党的十八大提出，要形成具有国际竞争力的人才制度优势，推动我国由人才大国迈向人才强国。国外人才发展丛书项目的系列成果尝试为我国实施人才强国战略提供国外的经验借鉴，并为相关理论研究提供参考。为此，人才强国研究出版工程计划将丛书项目纳入其中，于近期陆续出版，以飨读者。

目　　录

第一章
绪 论

《辞海》对人才的定义是“有才能的人”。《现代汉语词典》的解释是“德才兼备的人，有某种特长的人”。这是对人才最简单的定义，人才即有才之人。人才学家叶忠海、王通讯和李新生等对人才的定义更加全面深入。例如，叶忠海在《人才学概念》讲道：“人才，是指那些在各种社会实践活动中，具有一定的专门范围，较高的技术和能力，能够以自己的创造性劳动，用知识改造自然和社会，对人类进步进行创造性劳动，在某一领域、某一行业，或某一工业上做出较大贡献的人。”王通讯认为人才是指在一定社会条件下，能以其创造性劳动，对社会发展、人类进步做出较大贡献的人。李新生在《群体人才学》中指出，人才按照一般的理解，是指那些才能高于一般人，对社会贡献大于一般的人。纵观以上的定义，我们发现除了具有一定的专业知识或专门技能之外，人才还需富有创新精神和服务社会的意识。

《中共中央、国务院关于进一步加强人才工作的决定》为适应新形势新任务要求，对人才的定义进行了新的阐释：“只要具有一定的知识或技能，能够进行创造性劳动，为推进社会主义物质文明、政治文明和精神文明建设，在建设中国特色社会主义伟大事业中作出积极贡献，都是党和国家需要的人才。”该决定对人才进行了科学准确的阐释，不仅反映了人才的基本特点，同时充分吸收了人才学的研究成果，突出了对人才的专业性、创造性、社会服务意识的本质属性，对人才工作具有很强现实指导意义，有利于帮助广大人才工作者树立科学的人才观。

综合上述观点，我们发现“人才”这一概念具有以下特征：时代性和社会性、创新性、实践性、普遍性和多样性以及影响性等特点。时代性和

社会性表示人才是生活在一定社会历史条件下的人才，而不能脱离社会和时代的限制。创新性是指人才通过吸收前人的经验和成果再经过自己的创新性劳动，有所突破和创新。实践性表示人才必须参加社会劳动，接受实践的检验。普遍性和多样性则是指行行出状元，任何行业都有人才的出现。影响性是指人才可以通过自己的劳动成果来推动影响历史的进程。因此，本书中认为人才是指具有一定的专门知识或专门技能，能够进行创造性劳动并对社会做出贡献的人，是人力资源中能力和素质较高的劳动者，是经济社会发展的第一资源。

回顾人类文明的发展历程，人才始终是推动社会进步、促进国家繁荣、实现国泰民安的重要力量。面对当前经济快速发展、科技日新月异、知识经济蓬勃兴起的国际大环境，人才日益成为各国赢得竞争优势的关键战略选择。目前我国正处在改革发展的关键阶段，《国家中长期人才发展规划纲要（2010—2020 年）》明确指出，要深入贯彻落实科学发展观，全面推进经济建设、政治建设、文化建设、社会建设以及生态文明建设，全面建设小康社会，实现中华民族伟大复兴，必须大力提高国民素质，在继续发挥我国人力资源优势的同时，加快形成我国人才竞争比较优势，逐步实现由人力资源大国向人才强国的转变。因此，面对当前国际及国内形势，加强人才工作不仅十分必要，而且势在必行。

人才评价是人才工作的核心，对我国人力资源管理和开发发挥着至关重要的作用。尽管目前存在许多问题与不足，但我国的人才评价工作正在逐步走向完善与成熟，本书对于人才评价的介绍与分析正是基于这样的背景与发展需要开展的。为了确保本书的编译工作能够切实推动我国人才评价发现工作进展，为人才评价工作者所用，本书以《国家中长期人才发展规划纲要（2010—2020 年）》的思路为指导，从职位分类体系、能力素质标准、考核评价制度、职业资格标准等四个视角切入，对美国、英国、加拿大、澳大利亚、新加坡、日本、韩国等国家的公务员、高级公务员、专业技术人员以及企业管理人员等人才评价发现工作的法规、政策和具体做法进行详细、系统的介绍，并以忠于原文、体现特色为指导原则，期望能为我国人才评价工作者提供有益的参考，推进我国人才评价研究的发展。

第一节　人才评价的背景

人才评价是人才工作的核心和重中之重，体现了国家人才队伍建设的基本标准和战略导向，决定了国家人才队伍建设的方向和程度。概括而言，人才评价是指对人才的能力素质、行为表现、绩效结果所进行的衡量过程。其中，能力素质是指工作所需的基本技能、胜任素质和工作潜能；行为表现是指工作目标达成过程中的具体行动和态度；绩效结果是指工作最终达成的结果、创造的价值和作出的贡献。从人才类别的角度划分，人才评价包括专业技术人才评价、党政人才评价、企业经营管理人才评价等。从人才评价内容的角度划分，人才评价包括人才能力素质评价、人才绩效评价、人才行为评价等。具体而言，人才评价可以细化为职称评审、职业技能鉴定、院校职业资格认证、专项职业能力考核以及各类人才绩效评价等。目前，国际环境的发展要求和国内环境的迫切需要，都推动着人才工作的逐步深入和蓬勃发展。

1. 国际环境的发展要求

伴随知识经济和经济全球化的持续升温，先进科学技术的突飞猛进，国际竞争的日趋激烈，人才被历史的潮流不可逆转地推向了全球化竞争和合作的大舞台。国际化、竞争、合作成为各国人才共同肩负的责任和使命，也成为当今世界人才形势的基本特征。一方面，国家间的竞争归根结底是人力资源的竞争，是高素质人才的竞争和较量。可以说，能否拥有和保持一支规模宏大的高素质人才队伍，事关一国的综合国力和兴衰成败。人才评价作为人才工作的核心，能够在全球范围内有效地识别、衡量、激励和吸引高素质人才。因此，大力加强人才评价工作，不断提升人才能力素质，是我国应对日趋激烈的国际人才形势的客观要求。另一方面，人才在国际竞争中发挥竞争优势的同时，也加速了不同国家、地域、文化及组织之间的合作和交流，使得发达国家人才评价的先进方法、技术和标准得以广泛传播和推广，从而能够促进发展中国家人才能力和素质的提高。人才能力素质的提升，才是国家崛起和发展的根本动力。面对人才竞争的国

际化、合作化趋势，一些发达国家比如美国、英国、加拿大、新加坡、澳大利亚、日本、韩国，在政府部门、企业等各类组织中积极研发不同类别、不同层级人才所需的能力素质、评价标准、实施办法和管理制度，并通过法律规章的形式加以合理规范。国际的人才竞争形势对我国人才队伍的建设形成了巨大的压力，这决定了我国要以国际化的视野和先进的理念来推动人才工作的发展。因此，我国亟须在引进人才的同时，积极学习和吸纳国外人才评价的先进理念与做法，在持续科学识别、衡量、激励本国人才的基础上，不断提升本国人才的能力素质，充分发挥我国发展的人才优势。

2. 国内环境的迫切需求

“国以才立，政以才治，业以才兴。”随着我国经济社会的快速发展和改革开放的逐步深入，人才强国战略日益上升为与科教兴国战略、可持续发展战略并列的三大国家战略之一。在当前落实科学发展观和加快转变经济发展方式的新形势下，全国上下对人才工作的重视程度和推动力度达到了新的高度。《国家中长期人才发展规划纲要（2010—2020年）》明确规定：要“建立以岗位职责要求为基础，以品德、能力和业绩为导向，科学化、社会化的人才评价发现机制。完善人才评价标准，克服唯学历、唯论文倾向，对人才不求全责备，注重靠实践和贡献评价人才。改进人才评价方式，拓宽人才评价渠道。把评价人才和发现人才结合起来，坚持在实践和群众中识别人才、发现人才”。同时在《中华人民共和国国民经济和社会发展第十二个五年规划纲要》中也着重强调要大力实施人才强国战略，坚持服务发展、人才优先、以用人为本、创新机制、高端引领、整体开发的指导方针，加强现代化建设需要的各类人才队伍建设，为加快转变经济发展方式、实现科学发展提供人才保证。

为了实现人才强国的伟大战略部署，满足国内经济社会发展对高素质人才的迫切需求，必须突出人才评价这一核心环节，加强人才评价工作，为人才的引进、培养、开发和管理树立标准，不断提升本国人才的能力素质，积极营造优秀人才脱颖而出的有利环境，促进各类人才队伍的协调发展，持续推动我国人才事业的全面发展。

第二节　人才评价的重要意义

人才工作包括人才引进、培养、开发、使用和评价等诸多环节。正确地吸引、培养、开发人才的首要前提是要做到能够科学、准确地评价人才、鉴别人才和发现人才。只有这样，才做到人尽其才、才尽其用，营造出重视人才的有利环境，真正确保优秀人才能够脱颖而出，充分激发人才的工作积极性和工作热情，提升人才管理的有效性，避免优秀的人才因为没有得到正确的评价而造成不必要的流失。概括而言，人才评价对于人才的选拔、人才的管理以及激发其工作积极性具有重要的意义，具体体现在以下三个方面：

1. 有利于人才的脱颖而出

人才评价对人才选拔具有至关重要的作用。人才评价可以为高素质的优秀人才提供脱颖而出、展现风采的有效途径和重要平台。通过采用科学、公平、合理的评价标准、评价方法和评价程序，可以使得真正优秀的人才得以充分显现出来，确保人才有能够快速上升的途径和渠道，从而为我国高素质的人才队伍提供源源不断的后备力量，不断推动我国人才队伍建设的深入和发展。

2. 有利于激发人才的工作积极性

人才评价是引导人才、激励人才的重要手段。内在动力和成就动机是驱使人们成功和不懈努力的力量之源，只有充分激发人才的工作积极性，才能使每个人才都成为自主自发努力工作和不断挑战创新的“乔布斯”。通过制定科学的人才评价体系，建立科学的评价标准，客观地评价人才的能力、表现和贡献，可以有效激发人才不断进取向上的愿望与动机，使其能够发奋努力、不断进取，自觉自愿地认真学习和工作，不断提高自身的能力素质和工作表现。

3. 有利于提高人才管理的有效性

人才评价是人才引进、培养、开发、使用的重要基础。要加强对人才这一高素质、高智商群体的有效管理，必须对人才的能力素质、行为表

现、绩效结果进行科学评价，实施对不同人才群体的分类管理，把不同人才分配到不同的组织和岗位上，做到人岗匹配，提高管理的效率和效果；同时，在对人才评价的基础上，可以准确掌握不同人才的优势和不足，有针对性地对不同层次和水平的人才进行培训、开发和提升，使其能够更好地发挥潜能，节省管理成本、提高管理有效性。

第三节　国外人才评价的特点

美国、英国、加拿大、澳大利亚、日本、新加坡、韩国等国家在对人才分类的基础上，对不同人才的能力素质、评价标准、评价方法、评价程序进行了深入的研究和实践，并最终都以法律规章的形式加以规范，使人才评价工作能够得以制度化和法规化，使人才评价有章可循、有法可依。概括而言，现阶段国外人才评价的主要特点有：

1. 人才分类是基础

美国、英国、加拿大、澳大利亚、日本、新加坡、韩国等国家通过科学的人才分类，对不同人才的内涵、特征、职能进行认真分析并做出明确界定，不仅有利于了解整个国家人才队伍的建设情况，而且可以通过掌握每个人才群体的自身特点，更好、更准确地制定人才评价的方法、标准和程序，使人才评价工作更具有可行性。通常，国外人才分类主要是基于横向的职业类别和纵向的职位层级对人才进行划分。

2. 法律制度是保障

美国、英国、加拿大、澳大利亚、日本、新加坡、韩国等国家都制定了针对不同群体人才评价的规章制度，比如美国的《1978 年公务员改革法》、《政府绩效和结果法案》与《政府绩效和结果修正案》，英国的《政府职业技能计划》，日本的《职业能力促进法》、《国家公务员人事评价手册》，加拿大的《关键领导能力框架》等，这些法规制度是各国在大量研究、实践和探索的基础上总结和提炼的精华，为人才评价的内容、标准、方法和程序提供了可靠的依据，保障了人才评价工作的客观、公正、权威，为人才评价工作的顺利开展提供了坚强后盾。

3. 评价内容是关键

评价内容是人才评价的关键，具有重要的导向作用，决定了人才评价的标准、方法和程序。目前，国外人才评价内容主要划分为基本技能、专业技能、心理素质和绩效结果四个类别。其中，基本技能评价主要涉及文字表达能力、数字能力等基本素质方面的评价；专业技能评价主要包含计算机应用、办公软件熟悉程度、学历以及职业要求的专业水平等专业技能方面的评价；心理测评主要包括认知能力、职业兴趣测量、人格特质测量等心理素质方面的评价；绩效评价主要包括行为表现、工作态度、价值贡献等工作结果方面的评价。

第四节　未来人才评价发展的趋势

未来我国对人才评价的需求将快速增长，对人才评价专业性、规范性、系统性的要求也会日益提高。概括而言，未来我国人才评价发展的趋势主要有以下几点：

1. 建立健全人才评价法规体系

要优化我国人才评价工作，建设高素质的人才队伍，应进一步系统学习和研究国外人才评价发现工作的法律法规、政策制度、实践经验和典型做法，在此基础上丰富我国人才评价工作的理念、创新人才评价工作的管理方法、推动人才评价工作的发展。2010 年，中共中央、国务院印发了《国家中长期人才发展规划纲要（2010—2020 年）》，从国家发展战略的高度，对人才评价的目的、内容、原则作出了宏观指导。今后，为了进一步贯彻规划纲要的规定，应进一步细化规划要求、出台相应的管理办法和实施细则，对具体人才评价工作的开展提供详细的规定和指导。

2. 人才评价方法技术的研发和创新

先进的人才评价方法技术是推动人才评价工作发展的关键动力。引入和使用科学的人才评价方法，能有效保证我们正确地选拔人才、鉴别人才，使人才能在一个良好、健康、和谐的环境中安心工作，充分发挥他们的积极性和创造性。目前我国人才评价常用的方法技术主要包括履历分

析、笔试、面试、心理测评、情景模拟以及评价中心等，这些广泛应用的人才评价方法技术已难以满足市场上日益增长的巨大需求，未来我们亟须在引进和学习国外先进的评价方法与技术的基础上，加大自主研发和创新的力度。在实际应用中，要根据不同人才类别和职业需求的特点，对国外先进人才评价方法技术进行合理化改造，开发针对不同人才工作性质、职位要求、专业技能的评价方法和技术，增强人才评价方法技术的有效性，为人才队伍建设提供可靠依据。

3. 人才评价的职业化发展

国内对人才评价机构和人才评价专业人员的巨大需求必然催生我国人才评价的职业化发展。人才评价的职业化发展将呈现以下两个趋势。首先，是人才评价专业人员的资格认证制度的建立和完善。即对人才评价专业人员大量需求的浪潮之后，我国市场必将对评价人员的专业化水平和服务质量提出更高的要求。因此，加大对人才评价专业人员的理论培训，强化专业人员的资格认证和审查制度，加强对人才评价行业的监管力度是人才评价发展的必然趋势。其次，是独立的人才评价机构的建立。为了满足市场上大量的人才评价需求，独立、专业的人才评价机构能够突出人才评价工作的社会服务属性，提供更为科学、公正的评价结果，从而提高人才评价工作的效率和效果。因此，独立的人才评价机构将是我国人才评价职业化发展的另一趋势。

第二章
职业与职位分类体系

伴随经济全球化的不断深入，劳动力市场发生了显著的变化，技术革新、工作重组等对职业产生了极大的影响。为了应对这些变化，我国职业与职位分类体系亟待进一步完善，形成更加适应现实要求的职业与职位分类体系。因此，我们选择了英国、加拿大、澳大利亚、新加坡、韩国和日本等国家的职业与职位分类体系加以介绍，希望能够为我国的职业与职位分类体系提供可借鉴的经验。

第一节　职业分类体系

人类历史发展表明，经济发展和社会生产力的提高将不断推动社会劳动分工与社会职业结构演变。同样，社会结构变化也会客观地反映出一个国家的社会经济和科学技术的发展水平以及社会劳动力的分布状态与流动趋向。因此，通过科学的职业分类对职业内涵、职业功能和职业层次等进行认真分析并作出明确界定，不仅有利于了解整个国家的社会经济和科技发展情况，而且可以通过掌握每个职业的自身特点，更好地服务于社会经济和劳动保障管理工作。因此，本节将对英国、加拿大、澳大利亚、新加坡、韩国和日本等国家的职业分类体系进行介绍，以期为推动我国职业分类体系建设提供有益的借鉴和指导。

一、英国职业分类体系

英国职业分类体系形成于 20 世纪 60 年代。80 年代末，在国内外多重因素的影响下，英国实现了职业分类由传统分类体系向标准分类体系的过

渡。在此期间，国际劳工组织公布了国际标准职业分类（International Standard Classification of Occupations，简称 ISCO）①，指导成员国修订和完善其职业分类体系，以便统计数据的交换和共享。尽管这个职业分类的国际标准不具备强制力，但英国作为国际组织的重要成员，在制定本国职业分类体系时会积极借鉴国际标准职业分类的相关内容。由于英国的人口普查、劳动力调查、社会分层等统计调查项目都不同程度涉及职业分类，因此英国形成了以人口普查和劳动力调查为主体、彼此相互关联的职业分类体系。

本节将介绍英国职业分类体系分类对象，基于“技术等级”（skill level）和“技术特长”（skill type）为原则的分类方法，以及包含与从事某工作胜任素质相关的教育资质、培训技术、经验等信息的职业分类框架。为了帮助读者更好地了解英国职业分类体系的特点，我们选择英国职业分类标准中九个主要类别里的专业人员和助理专业技术人员作为代表进行详细介绍。

（一）英国职业分类体系的原则及相关概念

1. 英国职业分类对象及分类原则

英国职业分类体系分类的对象是“工作”。工作的概念反映了雇佣关系中的基本要素，是指一个人需要承担的一系列任务或责任。通常，工作是由雇佣方安排的或者在自我雇佣情况下由工作者自己安排，应首先根据其相应的工作职位来加以识别。

英国职业分类体系主要根据“技术等级”和“技术特长”进行分类。在 2000 年英国职业分类体系②中，技术等级是根据从事与工作相关活动所必需的能力水平进行划分的。技术特长则是指能够称职、全面、有效地执

---

① International Labor Organization. *International Standard Classification of Occupations*. http://www.ilo.org/public/english/bureau/stat/isco/index.htm, 2012/03/29.

② Office for National Statistics. *Standard Occupational Classification* 2000. http://www.theia.org.uk/NR/rdonlyres/8D257F2C-E700-4F9D-BD2D-2AF4E3C31EDB/0/ILR-Specifications2011_12Appendix_L04Mar2011v1.pdf, 2012/04/01.

行任务所必须具备的专业知识。但在有些分类范围里，它还指从事的工作种类（例如材料加工、工具使用等）。

技术等级需要根据一个人完全胜任相关工作中的任务所需要的时间长度来评定。技术等级与获取必要的正规资质和一定数量的基础培训时间相关。除了正规培训和拥有相关资质外，有些任务还需要不同种类的经验，可能是从事其他任务的经验，目的是为了获取完成工作任务所具备的能力。在整个体系中，职业分类（主要职业类别和次主要职业类别）标准可以被分为以下四个技术等级：

（1）一级技术等级等同于普通教育资质。该等级要求完成一段时间的义务教育，并在毕业考试中取得令人满意的成绩。同时，被归入这个级别的工作胜任能力还应包括适当的健康和安全知识以及短期的工作相关培训。在 2000 年的英国职业分类体系中，对于这个等级的职业示例包括邮政人员、清洁工和餐饮业店员。

（2）二级技术等级涵盖了较大范围的职业。该等级需要一级技术等级所应具备的良好的普通教育知识，但通常要求更长的工作相关培训或工作经验。该级别的职业包括机械操作员、司机、护理人员、零售员、文秘等。

（3）三级技术等级适用于那些需要高等教育知识，但对学位没有过多要求的职业。大量的与技术有关的职业和一部分与贸易有关的职业、小型企业业主都被归入这个等级。对于部分与贸易有关的职业及小型企业业主而言，学位文凭和长时间的职业培训不作为履职能力的先决条件，但对一定时间的工作经验有要求。

（4）四级技术等级适用于那些在企事业单位、国家或地方政府部门中被称为“专家”的职业以及高级管理职位。该级别的职业通常需要取得学位或具备一定时期的相关工作经验。

根据上述技术等级的分类标准，表 2—1 列举了 2010 年英国职业分类体系的主要职业类别的划分情况，并与 2000 年的英国职业分类体系进行了比较，可以从这些次主要职业类别的名称中看出两者的差别。同时，引入技术特长标准来区分每个技能等级中的职业类别。其中，医疗专业人员独

立于科学、研究、工程技术职业，技术型金属、电子电力职业独立于技术型建筑建造职业。

表 2—1　2000 年和 2010 年英国职业分类体系能力等级以及主要技术类别比较①

技术等级	技术类别	
	2000 年英国职业分类体系	2010 年英国职业分类体系
四级	11. 企业经理 21. 科技人员 22. 医疗人员 23. 教研工作者 24. 商业和公共服务人员	11. 企业经理和董事 21. 科技、工程、技术专业人员 22. 医疗专业人员 23. 教学教育专业人员 24. 商业、传媒和公共服务人员
三级	12. 农业服务管理经营者 31. 科技相关职业 32. 健康及社会福利相关职业 33. 救护服务 34. 文化、传媒、体育 35. 商业及公共服务相关职业 51. 技术型农业 52. 技术性金属和电力职业 53. 技术型建筑建造职业 54. 纺织、印刷等技术型职业	12. 其他管理者或经营者 31. 科技工程助理专业 32. 医疗及社会关怀辅助专业人员 33. 保护服务人员 34. 文化、传媒、体育职业 35. 商业及公共服务辅助职业 51. 技术型农业及相关职业 52. 技术型金属和电力、电子职业 53. 技术型建筑建造职业 54. 纺织、印刷等技术型职业
二级	41. 行政 42. 文秘及相关职业 61. 护理服务 62. 休闲及其他个人服务 71. 销售 72. 客户服务 81. 加工、制造或机械操作	41. 行政 42. 文秘及相关职业 61. 护理服务 62. 休闲、旅游及其他个人服务 71. 销售 72. 客户服务 81. 加工、制造或机械操作
一级	91. 基建行业、建造及仓储行业 92. 基建管理及服务行业	91. 基建及相关行业 92. 基建管理及服务行业

① Office for National Statistics. *Relationship between SOC2010 and SOC2000*. http：//www. ons. gov. uk/ons/search/index. html？newquery=SOC2010，2012/04/01.

2. 英国职业分类的主要框架

英国职业分类体系采用了2008年国际职业分类体系①的分类原则，在分类框架中列出了一系列的职业类别，并提供了与从事某工作胜任素质相关的教育资质、培训、技术、经验等信息。

在2000年的英国职业分类体系中共有9个主类、25个次主类、81个小类别，353个单元族；而在2010年的英国职业分类体系中共有9个主类、25个次主类、90个小类别、369个单元族。表2—2列出了英国职业分类体系9个主类，并介绍了每个主类相关工作所需要的资质、培训、经验等一般特点。

表2—2　2010年英国职业分类体系主要类别中职业的资质、培训、经验的一般特点②

主要类别	类别中职业的资质、培训、经验一般特点
经理、董事及高级官员	为组织和业务高绩效，所需具备的大量生产或服务知识和经验。
专业人员	具备资质要求的学历，有些职业需要研究生学历，并需要一段时间的正规经验培训。
助理专业人员及技术职业	相关高等职业教育资质，有足够时间的全职培训或深入学习。通常还需要通过一段时间的额外相关工作的正式培训。
行政、文秘	接受高标准的普通教育。某些职业需要额外的职业培训以达到明确的标准（例如办公室技能）。
工业技术行业	充足时间的培训，通常以在职培训项目的方式提供。
看护、休闲以及其他职业	接受高标准的普通教育。某些职业需要额外的职业培训，通常以在职培训项目方式提供。

① International Labor Organization. *International Standard Classification of Occupations* 2008 (*ISCO*-08). http：//unstats. un. org/unsd/class/intercop/expertgroup/2007/AC124-12. PDF，2012/04/01.

② Office for National Statistics. *Standard Occupational Classification* 2010. http：//www. ons. gov. uk/ons/search/index. html? newquery=SOC2010，2012/04/01.

续表

主要类别	类别中职业的资质、培训、经验一般特点
销售及客户服务	接受普通教育以及与销售相关的工作基础培训。有些职业需要额外的专业技术知识，由于这些职业首要任务是销售，因此被归入该主要类别。
加工、制造以及机械操作	具有相关的知识和经验驾驶车辆以及其他行动设备，操作和监管工业机器和设备，按照严格的规定和操作程序将零件转配成产品以及主体组装部件的例行测试。该主类中的许多职业会规定能力的最低标准，并要求有相应时间的正规培训。
基建职业	归入这个级别的职业通常需要最低限度的普通教育（例如接受义务教育并完成学业）。有些职业还需要具有该领域短期工作相关经验（例如健康与安全、食品卫生以及客户服务要求）。

3. 英国学分及资格框架

在英国职业分类体系中，学分及资格框架非常具有借鉴价值。① 在过去的 10 年中，英国政府一直在研发一套能够检索出在英国和爱尔兰可以取得的全部资格的系统，这就是英国的学分及资格框架系统（Qualification and Credit Framework，简称 QCF）。它包含了关于特定资质取得的难易程度以及取得资质所需要的时间。由于系统的持续发展和更新，这就要求持续提供不断变化的最新信息。因此，需要对框架中的数据和互联网信息进行及时核对。一个有效的查询工具就是英国国家认可的资格数据库②，它包括了英国资质授予机构（资格考试监督办公室），威尔士地方政府的儿童、教育、终身学习与技能部以及北爱尔兰教学大纲、考试与评估委员会可授予的详细资质。

（二）2010 年英国职业分类体系汇总

英国职业分类标准包含的九个主要类别分别是：经理、董事及高级官

① Office for National Statistics. *Standard Classification of Occupations*. http://www.ons.gov.uk/ons/guide-method/classifications/current-standard-classifications/soc2010/soc2010-volume-1-structure-and-descriptions-of-unit-groups/index.html, 2012/04/01.

② Accredited Qualifications. http://www.accreditedqualifications.org.uk, 2012/04/10.

员，专业人员，助理专业技术人员，行政文秘，技术行业，看护、休闲及其他服务，销售及客户服务，加工、生产及机械操作，基础建设。限于篇幅原因，我们选择2010年英国职业分类体系中的专业人员和助理专业技术人员作为代表来进行简要介绍。专业人员和助理专业技术人员的具体分类情况见表2—3。

表2—3 专业人员和助理专业技术人员分类①

广义职业类别	主类	次类	单元族
2. 专业人员	21. 科研、工程、技术专业人员	211. 自然和社会科学专业人员	2111. 化学科学家
			2112. 生物学科学家及生化科学家
			2113. 物理学家
			2114. 社会人文科学家
			2119. 没有注明其他类别的自然和社会科学家
		212. 工程师	2121. 土木工程师
			2122. 机械工程师
			2123. 电机工程师
			2124. 电子工程师
			2126. 设计研发工程师
			2127. 生产加工工程师
			2129. 其他未注明类别的工程师
		213. 信息技术与通信专业人员	2133. IT 专业管理者
			2134. IT 项目经理
			2135. IT 商业分析，结构和系统设计
			2136. 程序和软件研发专业人员
			2137. 网页设计和研发专业人员
			2139. 其他未注明类别的信息技术与通信人员
		214. 环境及自然保护专业人员	2141. 自然保护专业人员
			2142. 环境专业人员
		215. 调查和发展管理者	2150. 调查和发展管理者

① Office for National Statistics. *Standard Occupational Classification* 2010. http：//www.ons.gov.uk/ons/search/index.html？newquery=SOC2010，2012/04/01.

续表

广义职业类别	主类	次类	单元族
2. 专员人员	22. 医疗专业人员	221. 医疗专业人员	2211. 全科医生
			2212. 心理学医生
			2213. 药剂师
			2214. 眼科配镜师
			2215. 牙科医生
			2216. 兽医
			2217. 放射科医生
			2218. 足病医生
			2219. 其他未注明类型的医疗专业人员
		222. 治疗专业人员	2221. 理疗医师
			2222. 特定疗法技师
			2223. 听力语言矫正医师
			2229. 其他未注明类别的治疗医师
		223. 护士及助产专业人员	2231. 护士
			2232. 助产士
	23. 教学教育专业人员	231. 教学教育专业人员	2311. 高等教育工作者
			2312. 进修教育工作者
			2314. 中等教育工作者
			2315. 初级教育工作者及幼儿园教师
			2316. 特殊需求教育工作者
			2317. 教育机构高级专业人员
			2318. 教育咨询师以及学校巡查员
			2319. 其他未注明类别的教育教学人员
	24. 商业、传媒以及公共服务人员	241. 法律专业人员	2412. 法律从业者及法官
			2413. 初级律师
			2419. 其他未注明类别的法律专业人员
		242. 商业、研究、管理专业人员	2421. 注册会计师
			2423. 管理顾问及商业分析员
			2424. 商业及财政项目经理
			2425. 保险评估师、经济学家和统计学家
			2426. 商业及相关研究工作
			2429. 其他未注明类别的商业研究管理工作

续表

广义职业类别	主类	次类	单元族
2. 专业人员	24. 商业、传媒以及公共服务人员	243. 建筑、城市及规划测量	2431. 建筑师
			2432. 城市估算师
			2433. 估算师
			2434. 特许测量师
			2435. 特许建筑技师
			2436. 建筑项目经理级相关专业
		244. 福利工作者	2442. 社会工作者
			2443. 缓刑监管员
			2444. 神职人员
		245. 图书馆及相关专业	2451. 图书馆人员
			2452. 档案管理员及馆长
		246. 质量调控专业人员	2461. 质量控制和计划工程师
			2462. 质量保证和调整专业人员
			2463. 环境健康专业人员
		247. 传媒专业人员	2471. 新闻记者、报纸期刊编辑
			2472. 公众出版专业人员
			2473. 广告经理及创意指导
3. 助理专业技术职业	31. 科技工程助理专业	311. 科技、工程、生产技术	3111. 实验室技术人员
			3112. 电力/电子技术人员
			3113. 工程技术人员
			3114. 建筑和土木工程技术人员
			3115. 质保技术人员
			3116. 计划、程序、生产技术人员
			3119. 其他未注明类别的科技、工程、生产技术人员
	32. 医疗及社会关怀辅助专业人员	312. 制图员及相关建筑专业人员	3121. 建筑及城市规划专业人员
			3132. 制图员
		313. 信息技术专业人员	3131. IT 运营
			3132. IT 用户技术支持
		321. 医疗助理专业人员	3213. 义务辅助人员
			3216. 眼镜配镜技师
			3217. 制药专业人员

续表

广义职业类别	主类	次类	单元族
3. 助理专业技术职业	32. 医疗及社会关怀辅助专业人员	323. 福利和住房辅助专业人员	3218. 牙科专业人员
			3219. 其他未注明类别的医疗助理专业人员
			3231. 青年及社区工作者
			3233. 未成年人工作者
			3234. 住房事务工作者
			3235. 心理辅导员
			3239. 其他未注明类别的福利和住房辅助专业人员
	33. 保护服务职业	331. 保护服务职业	3311. NCOs 或其他职位
			3312. 警察（警官及以下）
			3313. 消防员（值班长及以下）
			3314. 监狱服务人员（首要官员以下）
			3315. 社区服务警察
			3319. 其他未注明类别的保护服务辅助职业
	34. 文化、传媒、体育职业	341. 艺术、文学、传媒	3411. 画家
			3412. 作家、写手和翻译员
			3413. 演员、娱乐节目表演者和主持人
			3414. 舞蹈演员和舞蹈动作设计者
			3415. 音乐家
			3416. 文化主管、制片人、导演
			3417. 摄影师、影像及播音设备操作者
		342. 设计类职业	3421. 运动员
			3422. 产品服务及相关设计
		344. 体育健康职业	3441. 运动员
			3442. 运动辅导员、教练及行政人员
			3443. 健康指导员
	35. 商业及公共服务辅助职业	351. 运输辅助职业	3511. 空运管理者
			3512. 空运驾驶员和飞机工程师
			3513. 船运及气垫船人员
		352. 法律辅助人员	3520. 法律辅助人员
		353. 商业、财政及相关专业辅助工作人员	3531. 估价师及评估顾问
			3532. 经纪人
			3533. 保险业者
			3534. 财政及投资分析顾问

续表

广义职业类别	主类	次类	单元族
3. 助理专业技术职业	35. 商业及公共服务辅助职业	354. 营销及相关专业辅助工作人员	3535. 税务专家
			3536. 进出口商
			3537. 财会专业人员
			3538. 财会经理
			3539. 其他未注明的商业、财政相关辅助工作人员
			3541. 采购员或采购主管
			3542. 业务销售经理
			3543. 营销助理人员
			3544. 房地产经纪人和拍卖师
		355. 环保及环境辅助工作人员	3545. 销售统计与业务发展经理
			3546. 会展经理或组织者
		356. 公共服务及其他辅助职业	3550. 环保及环境辅助工作人员
			3561. 公共服务助理人员
			3562. 职业、行业培训师或指导者
			3564. 职业顾问及从业指导专家
			3565. 标准及法规巡查员
			3567. 安全健康负责人

二、加拿大职业分类体系

加拿大的国家职业分类体系从 1993 年开始被加拿大劳工部（Human Resources and Skills Development of Canada）所采用，是一个较为完善的职业分类体系。该体系对加拿大劳工就业市场内的职业加以汇集及分类，并对就业资源、人力资源、职业需求等进行了一定的分析。

本节将介绍加拿大国家职业分类体系形成的背景，基于与工作属性相关的“技术等级”和“技术类型”的职业分类标准，以及包括广义职业类别、主类、次类和单元族的国家职业分类标准框架。为了增加对加拿大国家职业分类标准中单元族的认识，我们选择人力资源管理单元族作为典型进行深入的了解加拿大国家职业分类标准的特点。

（一）加拿大职业分类的背景

2011 年的加拿大职业分类标准是对以往的加拿大国家人力资源及技能发展职业分类以及加拿大国家职业分类统计标准的更新。① 加拿大以往的职业分类修订工作都是在全国范围内对职业研究、分析、商谈的基础上进行的。自 2001 年最初版本出现至今 10 多年里，劳动力市场发生了显著变化，技术革新、经济全球化、工作重组等对职业产生了很大的影响。为了应对这些变化，加拿大对国家分类标准进行了调整，形成了新的职业分类体系。该职业分类标准已成为全国普遍接受的分类办法，是加拿大劳动力市场职业分类的系统框架，经过加拿大人力资源及技能发展部门和统计部门的共同努力，目前经过修订已成为全国统一的国家职业分类标准。

加拿大国家职业分类标准的基础是所从事工作的种类。首先，按照所从事的工作来定义和划分职业，这取决于职业的任务、职责、责任。例如原料加工或使用，工业处理及设备使用，工作所需的责任心程度、复杂性以及所提供的产品和服务等。其次，一种职业被定义为一系列工作，充分相似的工作被集中在一个共同的类别中以便于职业的分类。

职业信息对于劳动力市场、技能发展、职业预测、劳动力供应和需求分析、劳动公平以及一系列相关程序和服务等问题具有重要意义。因此，加拿大国家职业分类标准还使用了一系列手段来比较和分析职业信息。加拿大国家职业分类标准提供了一个标准的框架以及附属系统，使组织中大量的职业分类工作变得更易于处理、易于理解。

（二）加拿大职业分类标准框架

加拿大 2011 年的国家职业分类标准对职业类别实行连续的四级结构，包括广义职业类别（Broad occupational categories）、主类（Major group）、次类（Minor group）和单元族（Unit group）。广义职业类别有一个专用的

---

① Statistics Canada. *National Occupational Classification.* http：//www23. statcan. gc. ca/imdb/p3VD. pl？ Function = getVDPage1&db = imdb&dis = 2&adm = 8&TVD = 122372, 2012/04/11.

一位数字代码，由一个或多个主类构成。主类由一个专用的二位数字代码来表示，由一个或多个次类构成，第一位代码表示该主类所属的广义职业类别。次类由一个专用的三位数字代码来表示，由一个或多个单元族构成，前两个数字代码表示该次类所属的主类。单元族由一个专用的四位数字代码来表示，前三个数字代码表示该单元族所属的次类（见表2—4）。

表2—4 以管理职业为例说明加拿大职业分类标准①

广义职业类别	主类	次类	单元族
0. 管理职业	00. 高级管理职业	001. 立法委员及高级管理	0011. 立法委员
			0012. 高级政府管理及行政人员
			0013. 高级管理——财政、通信及其他公共事业
			0014. 高级管理——医疗、教育、社会社区服务及成员组织
			0015. 高级管理——贸易、广播以及其他为注明的公共事业
			0016. 高级管理——建造、运输、生产、公共设施

广义职业类别代码以一个数字表示，在全部级别中重复出现。主类代码在此基础上再加一个数字，在职业分类体系中所有的下一级别中第二位数字重复出现。次类代码以三个数字表示。最终四位单元族代码包含的第一个数字确定广义职业类别，第二个数字表示主类，第三个数字表示次类，第四个数字表示单元族。

（三）加拿大职业分类标准：技术类型和技术等级

加拿大国家职业分类标准主要通过两个工作属性即技术等级（skill level）和技术类型（skill type），来对职业进行划分。

1. 技术等级

技术等级通常被定义为某一职业开展工作所需的教育和培训数量及类

---

① Statistics Canada. *National Occupational Classification.* http：//www5. hrsdc. gc. ca/noc/english/noc/2011/welcome. aspx，2012/04/11.

型。在确定技术等级时，职业所需相关经验以及对某一职业的责任心将结合其他的职业特点也被考虑在内。

技术等级根据入职需满足的教育、培训和预备的要求可以将其分为四个等级。对于单个单元族或工作而言，入职要求不一定限于一个技术等级。例如，有些职业既可凭借大学文凭也可凭借学院文凭入职。当入职要求对于某个单元族有一系列教育和培训规定时，技能等级可以根据用人单位希望的基本要求、较强的责任心和知识能力以及通过培训取得与工作相关的专业化水平来确定。需要注意的是，技术等级分类并不与个人的社会经济地位或威信有关，而只是反映了实际的职业入职要求。这些要求以正规教育水平以及雇佣方规定的其他类型的培训来体现。技术等级的划分及定义如下：

（1）技术等级 A 要求拥有大学学位（学士、硕士、博士）。

（2）技术等级 B 要求接受过两年或三年的社区大学、技术学院或职业专科学校教育，以及二年至五年的实习培训；或接受过三年至四年高中教育；完成两年以上在职培训、专业培训或具备特定工作经验。此外，承担监管工作的职业和重要健康安全责任的职业（例如消防员、警察、注册护士）也被归入技术等级 B 中。

（3）技术等级 C 要求完成高中教育以及短期培训课程；接受过专业培训；具有一定的高中教育经历、最多两年的在职培训或特定工作经历。

（4）技术等级 D 是指取得短期就业、在职培训；或无正式教育要求。

管理职业跨越整个分类体系，在劳动力市场全部领域或各个部门中都可找到。当确定技术等级时，管理职业应列入技术等级 A 序列。这些职业一般处于组织领导者的最高位置，以所承担的高级责任和义务为特征，并需要具备通过正规教育获取的专业知识和丰富的职业经验。对于全部非管理职业，第二位数字代码与技术等级一致，技术等级代码如下：A 级用 0 或 1 表示，B 级用 2 或 3 表示，C 级用 4 或 5 表示，D 级用 6 或 7 表示。

2. 技术类型

技术类型被定义为所从事工作的种类或者其他与技术类型相关的因素。这些与技术类型相关的因素中有一个共性的特点就是入职所需的教育学历或研究领域；另一个共性因素是通过开展内部工作或从事特定行业所获得的工作经验，这通常被视为入职的先决条件。

根据技术类型，加拿大国家分类标准将职业分为10个大类，包括管理职业，商业财务和行政职业，自然和应用科学相关职业，卫生行业，社会科学、教育、政府服务和宗教职业，艺术、文化、娱乐和体育行业，销售和服务行业，技工、运输和设备操作相关职业，第一产业，加工和公共事业行业。从中我们选取自然和应用科学相关职业作为典型案例用于说明加拿大国家分类标准根据技术类型划分主类、次类和单元族的具体情况（见表2—5）。

表2—5　自然和应用科学相关职业分类①

主　类	次　类	单元族	具体职业名称
2. 自然和应用科学相关职业	21. 自然和应用科学相关职业	211. 物理专家	2111. 物理学专家
			2112. 化学家
			2113. 地质学家
			2114. 气象学家和气候专家
			2115. 物理科学其他专业职位
		212. 生命科学专业人员	2121. 生物学家及相关科学家
			2122. 林业专家
			2123. 农学代表
		213. 公务员、机械、电气和化学工程师	（略）
		214. 公务员、机械、电气和化学工程师	（略）
		215. 建筑师	（略）
		216. 数学家、统计人员和精算师	（略）
		217. 计算机和信息系统专业人员	（略）

① Statistics Canada. *National Occupational Classification.* http://www5.hrsdc.gc.ca/noc/english/noc/2011/pdf/Printable_ NOC2011_ version_ E.pdf, 2012/04/11.

续表

主　类	次　类	单元族	具体职业名称
2. 自然和应用科学相关职业	22. 自然和应用科学相关的技术职业	221. 自然科学	2211. 化学专家及技术人员
			2212. 地质矿物专家级技术人员
		222. 生命科学	（略）
		223. 民用、机械和工业工程	（略）
		224. 电子和电气工程	（略）
		225. 建筑、制图、测绘	（略）
		226. 核查和监管人员	（略）

（四）单元族描述格式

每一个加拿大国家分类标准中单元族描述都包含了若干个组成部分，包括引导语、示例或者示例名称、例外或未分类、主要责任、工作要求等内容。

1. 引导句

该部分对单元族内容提供了大致的描述，介绍了单元族中职业的主要活动，并描述该职业所在行业或企业的类别。

2. 示例或者示例名称

该部分列出了在劳动力市场通常所使用的职业名称。职业名称本身可以简单说明该职业类别的内容和范围。

3. 例外或未分类

该部分通过确认单元族和与其相关未分类单元族的界限来划分单元族。当个别单元族或职业承担相类似的功能或出现类似的职业名称时，则会被归入该部分。

4. 主要责任

该部分列举了一些单元族的职业应履行的责任或任务。根据单元族的内容，可以使用以下格式：

（1）一系列适用于该单元族全部职业的陈述。该格式适用于包含单个核心职业的单元族，例如代码为 1242 的法律行政助理和代码为 2146 的航天工程师。该格式还被选择用于包括一系列承担一套共同责任的单元族职业，例如代码为1411的一般办公室后勤人员和代码为9417的机床工具操作员。

（2）一系列适用于各子职业的陈述。该格式被选择用于包含两个或更多子职业的单元族中。

（3）将一系列简短的描述性陈述连接在一起用来明确某一类别中的职业。该格式用于包含一系列足够类似但又能分别描述职业的单元族。例如代码为4423的执法人员以及未注明类别的其他管理人员，代码为5226的其他电影、广播、表演人员或协调人员。

5. 工作要求

该部分描述了单元族的工作要求，共包含以下几种类型：

（1）正规教育的类型和级别，例如高中文凭、大学文凭。

（2）特定的培训，例如见习培训、在职培训或某一职业的培训课程。

（3）其他职业的经验，例如监督者通常需要几年监管职业的工作经验。

（4）许可、证明、注册，例如驾驶特种车辆的许可等。

（5）其他要求，例如运动员素质或艺术家天分。

为增强对单元族描写格式的了解，我们选择职业分类体系中的人力资源管理来详细说明加拿大职业分类体系中单元族的结构（见表2—6）。

表2—6　加拿大职业分类体系中单元族的结构示例①

0112. 人力资源管理
人力资源管理者计划、组织、指导、评估人力资源以及人事部门的运作，并制定策略，管理与人力资源计划相关的招募、劳资商谈、培训发展、职位分类、薪酬与福利工作。他们管理并积极参与各种委员会，以保持管理者与员工之间可持续发展的关系。人力资源管理者由私营或公共部门雇佣。

① Statistics Canada. *National Occupational Classification*. http：//www5. hrsdc. gc. ca/noc/english/noc/2011/pdf/Printable_ NOC2011_ version_ E. pdf，2012/04/11.

续表

示例 管理者：人力资源 管理者：雇佣关系 管理者：工作公平——人力资源 管理者：劳资关系 管理者：职业健康与安全 管理者：薪酬福利 管理者：人事 管理者：人事服务 管理者：个人培训与发展 管理者：招聘 管理者：团队关系
例外 人力资源招募主管（代码为 1223） 人力资源专家（代码为 1121）
主要责任 人力资源管理者履行部分或全部以下责任： 计划、组织、控制、评估人力资源或人事部门的运作； 与其他部门经理一起规划人力资源需求； 协助内外部培训以及招募活动； 制定并实施劳动关系政策和程序，以达成集体协议； 管理员工发展、语言培训以及健康安全程序； 建议并帮助其他部门经理阐述并实施人事政策； 监督职业分类及评估； 组织并召开关于工作政策、福利待遇的员工信息会议，且积极参与各种联合委员会； 指导组织品质管理程序； 确保遵守相关法律，例如薪酬公平法。
工作要求 人事管理相关学士学位，例如商业管理、工业关系、商业心理学等；或完成人事管理所需的专业发展课程教育； 需要若干年的从事人事主管或人力资源专家的经验。 额外信息 工作经验较丰富的可以成长为高级主管； 人力资源管理者领导的其他联合委员会可能会关注一些问题，如酒精或药物成瘾等。

三、澳大利亚职业分类体系

澳大利亚职业分类体系是一个专门提供标准信息收集，分析和传播职业数据的分类系统。[①] 它是由澳大利亚统计局（Australian Bureau of Statistics）与教育、职业和劳资关系部（Australian Government Department of Employmentand Workplace Relations，简称 DEWR）以及新西兰统计局（Statistics New Zealand，简称 Statistics NZ）联合发布的，主要是用来收集出版和分析职业统计数据。澳大利亚职业分类体系的范围包括澳大利亚劳动力市场从事有偿劳动的全部职业总和，但不包括从事无偿劳动的工作，例如志愿者工作以及全部澳洲国家或地区认为不合法的职业。

澳大利亚职业分类体系是以能力为基础的分类标准，用来对澳大利亚劳动力市场上的职业进行分类。目前，澳大利亚职业分类体系已包含了全部澳大利亚和新西兰劳动力市场中的职业并对这些职业的特性进行了定义，以供职业统计和职业分析使用。澳大利亚职业分类体系共有五个等级——主类、次主类、次类、单元族和职业。描述最详细的分类级别称为职业，它们共同组成单元族，依次类推，组成次类，次类合并到一起组成次主类，次主类合并到一起组成最高级别的主类。澳大利亚职业分类体系中各个级别的区别如下：

主类是澳大利亚职业分类体系最宽泛的级别。澳大利亚职业分类体系通过按照技术等级和技术类型原则集合次主类形成八个主类。在设计主类过程中，澳大利亚统计局与新西兰教育、职业和劳资关系部还充分地考虑了统计和管理应用所要求的直观性、实用性。

次主类是主类的分支。根据技能等级和技能专业，澳大利亚职业分类体系将主类划分为若干个次主类。

次类是次主类的分支。根据细致、具体的技术专业，澳大利亚职业分类体系将次主类划分为若干个次类。

单元族是次类的分支。在次类的基础上，根据更为精细的技术专业标准，将澳大利亚职业分类体系将次类划分为若干个单元族。

职业是澳大利亚职业分类体系最详细的级别，是单元族的分支。以下是澳大利亚职业分类体系框架的示意表（见表 2—7）。

---

① Australian Bureau of Statistics. *Australian and New Zealand Standard Classification of Occupations*. http：//www. abs. gov. au/ausstats/abs@ . nsf/Latestproducts/1220. 0Contents-0First% 20Edition,% 20Revision% 201? opendocument&tabname = Summary&prodno = 1220. 0&issue=First%20Edition,%20Revision%201&num=&view=，2012/04/13.

表 2—7 澳大利亚职业分类体系（以汽车修理为例）①

类别示例	说明	类别示例
主类 3. 技术及产业工人	主类是： ●最宽泛的级别 ●以一位数字代码表示 ●结合使用技术等级和技术专业形成类别组，对于大多数目的具有实际意义和用途.	
次主类 32. 汽车或工程行业工人	次主类是： ●主类的分支 ●以 2 位数字代码表示 ●以使用技能等级和宽泛地使用技能专业为依据，区分一个主类中的各个次主类 ●共有 43 个次主类	次主类 33. 建筑行业工人
次类 321. 汽车电工和机师	次类是： ●次主类的分支 ●以 3 位数字代码表示 ●以略微细致的技术专业原则 区分一个次主类中的各个次类 ●共有 97 个次类	次类 322. 装配行业工人
单元族 3211. 汽车电工	单元族是： ●次类 的分支 ●以 4 位数字代码表示 ●以较细地使用技术专业原则为基础，以及必要的技术等级原则，区分一个 次类中的各个单元族 ●共有358 个单元族	单元族 3212. 汽车修理工
职业 321211. 汽车电工 （一般）	职业是： ●单元族的分支 ●以 6 位数字代码表示 ●以非常详细地使用技术专业原则为基础，区分同一个单元族中的各个职业 ●共有 998个职业承担共同任务的一系列工作	职业 321212. 柴油汽车修理工

① Australian Bureau of Statistics. *Australian and New Zealand Standard Classification of Occupations*. http：//www. abs. gov. au/ausstats/abs@ . nsf/Latestproducts/1220. 0Contents0First-%20Edition，%20Revision%201? opendocument&tabname = Summary&prodno = 1220. 0&issue = First%20Edition，%20Revision%201&num=&view=，2012/04/13.

澳大利亚职业分类体系中的主类包括：管理者、专业人员、技师技工、社区及个人服务工作者、文书及行政工作、销售、机械操作及司机、体力劳动者（见表2—8）。

表2—8　澳大利亚职业分类体系中的主类①

主　类	次主类
1. 管理者	11. 首席执行者、总经理、立法者
	12. 农场及农业管理者
	13. 专业管理人员
	14. 医疗、健康及服务管理者
2. 专业人员	21. 艺术及传媒专业人员
	22. 商业、人力资源、营销专业人员
	23. 设计、工程、科学及运输专业人员
	24. 教育专业人员
	25. 健康专业人员
	26. ICT 专业人员
	27. 法律、社会及福利专业人员
3. 技师技工	31. 工程、ICT 及科技技师
	32. 汽车及工程技术工人
	33. 建筑技术工人
	34. 电子电信技术工人
	35. 食品技术工人
	36. 动物及园艺技工
	37. 其他技术工人

① Australian Bureau of Statistics. *Australian and New Zealand Standard Classification of Occupations*. http：//www. abs. gov. au/ausstats/abs@ . nsf/Latestproducts/1220. 0Contents0-First%20Edition,%20Revision%201？opendocument&tabname=Summary&prodno=1220. 0&issue=First%20Edition,%20Revision%201&num=&view=，2012/04/13.

续表

主 类	次主类
4. 社区及个人服务工作者	41. 健康及福利支持工作者
	42. 照料者及生活助手
	43. 接待服务工作
	44. 保护服务工作者
	45. 体育及个人服务工作者
5. 文书及行政工作	51. 办公室管理者及项目行政人员
	52. 人事助理级秘书
	53. 一般职员
	54. 调查员及接待员
	55. 数字核查员
	56. 办事员及办公室后勤人员
	59. 其他办事员或行政人员
6. 销售	61. 销售代表和代理
	62. 销售助理及销售员
	63. 销售后勤人员
7. 机械操作及司机	71. 机械及静设备操作员
	72. 移动设备操作员
	73. 汽车及船舶司机
	74. 仓库管理员
8. 体力劳动者	81. 洗衣工人
	82. 建筑与采矿工人
	83. 加工生产工人
	84. 农林园艺工
	85. 餐饮业服务员
	89. 其他体力劳动者

由于澳大利亚职业分类体系中各主类包含的次主类、次类等内容较

多，我们选择主类 2 专业人员和主类 3 技师技工予以介绍，目的是能够对澳大利亚职业分类体系有更为具体的认识（见表 2—9）。

表 2—9　澳大利亚专业人员职业分类①

主　类	次主类	单元族
2. 专业人员	21. 艺术和传媒专业人员	211. 艺术专业人员
		212. 传媒专业人员
	22. 商业、人力资源、营销专业	221. 会计、审计及公司秘书
		222. 金融经纪人和交易员、投资顾问
		223. 人力资源管理人员
		224. 信息与组织人员
		225. 销售、营销及公共关系
	23. 设计、工艺、科技及运输	231. 航空运输专业人员
		232. 建筑师、设计师、规划员、勘察员
		233. 工程专业人员
		234. 自然和物理科学人员
	24. 教育	241. 学校教师
		242. 高等教育工作者
		249. 其他教育工作者
	25. 医疗专业人员	251. 健康诊断和促进专业人员
		252. 保健医生专业
		253. 医生
		254. 助产士及护理专业
	26. ICT 专业人员	261. 商业及系统分析、程序员
		262. 数据库及系统管理员，ICT 安全专家
		263. ICT 网络与维护专家
	27. 法律、社会福利工作者	271. 法律工作者
		272. 社会福利工作者

① Australian Bureau of Statistics. *Australian and New Zealand Standard Classification of Occupations*. http：//www. abs. gov. au/ausstats/abs@ . nsf/Latestproducts/1220. 0Contents-0First% 20Edition，% 20Revision% 201？ opendocument&tabname = Summary&prodno = 1220. 0&issue = First%20Edition，%20Revision%201&num = &view = ，2012/04/13.

续表

主　类	次主类	单元族
3. 技师技工	31. 工程、ICT、科学技术人员	311. 农业、医药、科学专业人员
		312. 建筑工程专家
		313. ICT 及通信专家
	32. 汽车与工程行业工人	321. 汽车电工与机修工
		322. 装配工程技工
		323. 机械工程技工
		324. 车身修理工、装饰工、喷漆工
	33. 建筑技工	331. 砌砖工、木工、细木工
		332. 地面铺设工和油漆工
		333. 玻璃工、泥水匠、砖瓦工
		334. 水管工
	34. 电子和电信技工	341. 电工
		342. 电子通信行业
	35. 食品行业	351. 食品行业
	36. 动物和园艺技工	361. 饲养员、驯兽员、理毛员
		362. 园艺工
	39. 其他技师技工	391. 理发师
		392. 油漆工
		393. 纺织、服装、制鞋
		394. 木材行业工人
		399. 其他技工技师

四、新加坡职业分类体系

新加坡职业分类体系可以为人口普查、行政记录等工作提供职业分类的数据，同时可用于大量统计资料的编辑和报告，包括人口统计、社会和劳动力统计等。为确保新加坡职业分类体系的连续适用性，该标准经常被修改和校正，以充分体现经济、技术、组织机构发生的变化。2010 年的新加坡职业分类体系采用 2008 年国际职业标准分类的基础框架，并对其进行了适当的修改，强化了与国际标准的一致性。[1] 目前，它已取代以 1988 年的国际职业标准分类为基础的 2005 年新加坡职业分类体系。

本节将介绍新加坡职业分类体系的分类范围，基于“技能”（skill）这一工作类型的分类原则，以及包含主类、次主类、次类、单元族、职业等五个等级的职业分类体系，并以科技工程人员、医疗专业人员和教育工作者作为典型代表对新加坡的职业分类体系进行了详细说明。

（一）分类范围

2010 年的新加坡职业分类体系是根据工作的类型对职业进行分类的，其首要目的是为劳动人口划分职业，并对武装机构或外交人员的职业分类划分也进行了一些规定。但它不适用于非经济活动人口，例如家庭主妇、在校学生、退休人员以及社会义工。

（二）分类原则

新加坡职业分类体系所用的基本职业分类原则是无论其工作经验、技术、资质如何不同，只要所从事的工作在本质上可被视为同类工作，则将分入同一职业群体。新加坡职业分类体系通过使用“技能”这一基本概念来对工作类型进行定义。技能是指从事某一职业中某项任务或责任所需具备的能力，由技能等级（skill level）和技能专业（skill specialization）两方面组成，其中技能等级反映的是一份工作的任务复杂性、任务范围、任务职责的相关函数；技能专业反映了必要的知识领域、使用的工具或器械、加工的原料、生产的产品或提供的服务。

广义技术等级共有四个，分别是：第一技术等级表示为满足基本要求或无学历要求；第二技术等级表示为需要中学或中学以上水平教育；第三技术等级表示为需要接受高等教育，但不必取得大学同等学力；第四技术等级要求接受高等教育，取得大学学位、研究生学位或同等学力。用教育

---

① Singapore Department of Statistics. *Singapore Standard Occupational Classification*. http：//www. singstat. gov. sg/statsres/ssc/ssoc. html，2012/04/15.

水平来定义四个技能等级并不意味着仅凭借正规教育就能具备开展工作或履行责任所需的能力，这些技能通常要通过正规的培训和经验获得。另外，需要注意的是应关注某一特定职位的工作人员是否具有承担任务和责任的能力，而不是将他和同职位的其他人员进行比较。

（三）分类框架

新加坡职业分类体系包括五个等级，分别为主类、次主类、次类、单元族、职业。

主类（1 位数字代码或字母代码表示）是职业分类序列中的最高级别，代表了最宽泛的分类标准，没有明确地说明应履行的具体工作。主类共包含 10 个组成部分，包括专业人员、文书后勤人员、工匠等。它们各自用相应的一位代码或字母代码表示，例如 1、2、3、4、5、6、7、8、9 或 X。

次主类（2 位数字代码表示）是主类的分支，例如科技工程专业人员（次主类 21）在主类 2 中。表 2—10 表示部分新加坡职业分类体系的主类和次主类。

表 2—10　新加坡职业分类框架（主类和次主类示例）①

主　类	次主类
1. 立法委员、高级官员及管理者	12. 行政及商业管理者
	13. 生产和专业服务
	14. 接待及相关服务管理者
2. 专业人员	21. 科技工程专业人员
	22. 医疗专业人员
	25. 信息与通信技术专业人员
3. 助理专业人员和技术人员	32. 医疗助理专业人员
	35. 信息与通信技术

① Singapore Department of Statistics. *Singapore Standard Occupational Classification.* http：//www. singstat. gov. sg/statsres/ssc/ssoc. html，2012/04/15.

续表

主 类	次主类
4. 文秘后勤人员	41. 一般职员及打字员
	43. 数值和材料记录员
5. 服务销售人员	51. 个人服务工作者
	53. 个人护理工作者
	54. 保护服务工作者
7. 手工艺者及相关行业	74. 电气电子行业工人

次类（3 位数字代码表示）是次主类的分支。例如工程专业人员属于次类 214，在次主类 21“科技工程专业人员”之中。

单元族（4 位数字代码表示）是次类的分支，单元族的分类比次类更加详细。例如土木工程师（单元族 2142）包含在次类 214 工程专业人员之中。

职业（5 位数字代码表示）是单元族的分支，是整个新加坡职业分类体系中分类最详细的。表 2—11 汇总了每个主类中次主类、次类、单元族和职业的数量以及各自相关的技能等级。

表 2—11 新加坡职业分类框架①

主 类	次主类	次 类	单元族	职 业	技能等级
1. 立法委员、高级官员及管理者	4	11	33	71	无
2. 专业人员	7	26	78	228	4
3. 助理专业人员和技术人员	7	27	84	251	3
4. 文秘后勤人员	5	9	22	57	2
5. 服务销售人员	5	16	39	87	2
6. 农业渔业人员	2	4	7	17	2

① Singapore Department of Statistics. *Singapore Standard Occupational Classification.* http：//www. singstat. gov. sg/statsres/ssc/ssoc. html，2012/04/15.

续表

主　类	次主类	次　类	单元族	职　业	技能等级
7. 手工艺者及相关行业	5	19	58	168	2
8. 机台和机械操作员及装配工	3	17	58	168	2
9. 清洁工、力工及相关人员	5	11	21	56	1
X. 未明确划分的职业	—	—	—	5	无
总计	43	140	400	1222	

如表 2—11 所示，与 9 个主类相对应的技术等级要求如下：

（1）主类 2. 专业人员中的职业要求具备第四技术等级；

（2）主类 3. 助理专业人员和技术人员中的职业要求具备第三技术等级；

（3）主类 4. 文秘后勤人员、主类 5. 服务及销售人员、主类 6. 农业渔业人员、主类 7. 手工艺者及相关行业、主类 8. 机台和机械操作员及装配工中的职业要求具备第二技术等级；

（4）主类 9. 清洁工、力工及相关人员中的职业要求具备第一技术等级；

（5）主类 1. 立法委员、高级官员及管理者没有技术等级参考，原因是这类工作十分重要，例如政策制定和管理功能，难以用技术等级来体现。主类 X 中不设技能等级参考，原因是它本质上是一个独特的类别，很难与其他四个技能其中的某一个等级联系在一起。

为了进一步了解主类内容及结构，我们选择主类 2 即专业人员作为研究对象来详细说明新加坡的职业分类体系。主类 2 专业人员包含 7 个次主类，本节中我们只选择了其中的三个，分别是代码为 21 的科技工程专业人员、代码为 22 的医疗专业人员和代码为 23 的教育工作者来进行说明（见表 2—12）。

表 2—12　科技工程人员、医疗专业人员和教育工作者职业分类①

次主类	次　类	单元族	职　业
21. 科技工程专业人员	211. 自然和地球科学专业人员	2111. 物理学和天文学	21110. 物理学家/天文学家
		2112. 气象学家	21120. 气象学家
		2113. 化学家	21130. 化学家
		2114. 地质学家、地球物理学家及其他自然科学专家	21141. 地质学家
			21142. 地球物理学家
			21149. 其他自然科学专家
	212. 数学家，保险和统计学家	2121. 数学家、运营研究分析和精算师	21211. 数学家
			21212. 运营研究分析
			21213. 精算师
		2122. 统计学家	21220. 统计学家
	213. 生命科学专业人员		
22. 医疗专业人员	221. 医生	2211. 普通全科医生	22110. 全科医生/内科医生
		2212. 专科医师（医学）	22121. 心脏病专家
			22122. 皮肤病专家
			22123. 胃肠病专家
			22124. 内科医师
			22125. 肿瘤内科
			22126. 儿科医师
			22127. 呼吸科医生
			22128. 精神病专家
			22129. 其他专科医师（医疗），例如内分泌学家、老年病学家，血压病专家、传染病专家、神经病专家、细胞学医生、康复医生、肾脏科医生、风湿病学家
		2213. 专科医师（外科）	22131. 普外科医生
			22132. 胸外科
			22133. 手外科
			22134. 神经外科

① Singapore Department of Statistics. *Singapore Standard Occupational Classification.* http：//www. singstat. gov. sg/statsres/ssc/ssoc. html，2012/04/15.

续表

次主类	次　类	单元族	职　业
22. 医疗专业人员	221. 医生	2213. 专科医师（外科）	22135. 整形外科
			22136. 儿科外科
			22137. 填充物外科
			22138. 泌尿外科
			22139. 其他专科医师（外科）
		2214. 专科医师（其他专业）	22141. 麻醉师
			22142. 放射诊断师
			22143. 急诊科
			22144. 妇产科
			22145. 眼科医师
			22146. 病理学家
			22147. 公共健康医生
			22148. 耳鼻喉（ENT）医生
			22149. 其他专科医师（其他专业）
	223. 传统互补医学专业人员	2230. 传统互补医学专业人员	22301. 传统中医专家
			22302. 传统中医针灸师
	225. 兽医	2250. 兽医	22500. 兽医
	226. 其他医疗人员	2261. 牙科医生	22611. 牙科（普外）
			22612. 专业化牙科例如牙齿矫正
		2262. 药剂师	22621. 药剂师（配方）
			22629. 其他药剂师
		2263. 环境、职业健康、卫生专家	22631. 职业健康专家
			22632. 环境官员（公共健康）
			22639. 其他环境、职业健康、卫生专家
		2269. 其他未明确分类的医疗人员	22690. 其他未明确分类的医疗人员
23. 教育工作者	231. 大学、学院高等教育教师	2310. 大学、学院高等教育教师	23101. 大学教员
			23102. 大学讲师
			23109. 其他大学、学院和高等教育教师

续表

次主类	次 类	单元族	职 业
23. 教育工作者	232. 职业教师	2320. 职业教育教师	23200. 技术/职业/商业教育学院教师
	233. 中等教育教师	2330. 高等教育教师	23300. 大学预科（含专科）和中学教师
	234. 小学教育教师	2340. 小学教育教师	23400. 小学教育教师
	235. 其他教育工作者	2351. 教育方式专家	23511. 教育方式专家
			23512. 教学援助专家（包括视听援助专家）
			23519. 其他教育方式专家
		2352. 特殊教育教师	23521. 盲校教师
			23522. 聋哑学校教师
			23523. 弱智人群教师
			23529. 其他特殊教育教师
		2359. 其他未分类教育职业	23590. 其他未分类教育职业

五、韩国职业分类体系

（一）韩国标准职业分类的历史沿革

1960 年，韩国根据当时内务部统计局的国税厅调查，制定出第一个国家统一的职业分类标准。后来，经济策划院开始掌管统计相关事务，统计标准分类也随之确定。1958 年制定工程正式启动，1963 年，韩国以世界各国通用的国际标准职业分类（ISCO—58）为依据，完成了标准职业分类的编制。

为了完善 1963 年版韩国标准职业分类中的不合理之处，1966 年韩国对其进行了修订。自此以后，为了反映出国际标准职业分类的修订（1968 年版、1988 年版）和国内的职业结构及技术变化，韩国又陆续进行了多次修订工作（1970 年版、1974 年版、1992 年版）。

随着信息通信及服务产业的急速发展，经过先后四次修订的韩国标准职业分类中出现了许多新型职业。同样，随着产业的机械化，不少职业也遭到淘汰。在这种情况下，韩国标准职业分类十分有必要进行全面的修订。因此，在 1998 年 7 月，韩国标准职业分类修订工作开始着手进行，一年半之后，第 5 次修订正式启动。修订后的韩国标准职业分类被确定为统计厅告示第 2000—2 号（2000 年 1 月 7 日），2000 年 3 月 1 日正式颁布实施。

随后，韩国标准职业分类与用工职业分类之间的联系变得模糊，出现了统计资料的比较性问题。为了解决这一问题，他们通过强化两种分类之间的关联性来提高统计的使用率。与此同时，为了制定出一套适合韩国劳动市场的职业分类标准，他们也进行了一些新的尝试。另外，为了反映 2007 年底制定的国际标准职业分类（ISCO—08），他们还将国际比较性列入了考虑范围。韩国标准职业分类的第 6 次修订于 2005 年底开始进行，2007 年 6 月完成。修订后的韩国标准职业分类被确定为统计厅告示第 2007—3 号（2007 年 7 月 2 日），2007 年 10 月 1 日正式颁布实施。

（二）韩国标准职业分类概况

韩国标准职业分类是指根据一定的标准或工作的性质，把个体为了赚取利益而进行的社会职业（经济活动）进行有形划分的过程。

韩国标准职业分类（Korean Standard Classification of Occupations，简称 KSCO）是以 ILO（国际劳工组织）的 ISCO（国际标准职业分类）为基础编制的，旨在保证与职业相关统计资料的正确性和比较性。① 韩国国内现行的职业分类是为了反映韩国职业结构的变化，于 2007 年 7 月 2 日进行的第 6 次修订中制定（统计厅告示 2007—3 号），同年 10 月 1 日正式颁布实施。下面将对韩国职业分类中的专业技术人员分类进行简要介绍。

---

① Statistic Korea. *Korean Standard Classification of Occupations*. http://kostat.go.kr/kssc/main/MainAction.do? method=sub&catgrp=ekssc&catid1=ekssc02，2012/03/29.

（三）韩国专业技术人员分类

韩国国家认证的技术人才，按照专业技术水平高低，依次可以分为工程师（Professional Engineer）、助理工程师（Master Craftsman）、技师（Engineer）/工业技师（Industrial Engineer）、技工（Craftsman）四类。其中，技工是技术水平较低的技术人员，技师/工业技师是中级技术人才，助理工程师是专业技能较为精湛的技术人才，而工程师则是专业水平最高的技术人才。因此，工程师又叫做高级人才或专门技术人才。表2—13详细列出了各工作领域内韩国专业技术人员的分类。

表2—13 韩国专业技术人员（工程师）分类①

工作领域	资格种类
机械	机械制造工程师、制冷机械工程师、铁道车辆工程师、车辆工程师、建筑机械工程师、机械工艺工程师、焊接工程师、模具工程师、工业机械工程师、流体机械工程师
金属	金属材料工程师、表面处理工艺工程师、金属加工工艺工程师、黑色金属冶炼工程师、有色金属冶炼工程师、无损检测工程师
化工陶瓷	化工工程师、化学装置设备工程师、化工工艺设计工程师、陶瓷工程师、高分子材料工程师
电气	供配电工程师、建筑电气工程师、电气应用工程师、铁路信号工程师、电气化铁道工程师
电子	测量控制与仪器仪表工程师、电子应用工程师、计算机硬件工程师
通信	通信工程师
造船	船舶设计工程师、船舶干燥工程师
航空	航空机电工程师、航空电子工程师

① International Programs Center. *Scientists and Engineers in South Korea*. http：//www. census. gov/population/international/files/sp/SP87. pdf，2012/3/29.

续表

工作领域	资格种类
土木	土力学与基础工程师、土木工程质量检测工程师、土木工程结构工程师、港口航道与海岸工程师、道路与航空工程师、铁道工程师、水资源开发工程师、给排工程师、农渔业土木工程师、土木工程施工工程师、摄影测量与遥感工程师
建筑	建筑结构工程师、建筑设备工程师、建筑施工工程师、建筑质检工程师
纤维	纺线工程师、纺织工程师、纺纱工程师、丝绸工程师、染整工程师、服装工程师
矿业	矿产资源开发工程师、勘探工程师、地下资源处理工程师、火药类管理工程师
信息	信息管理工程师、计算机系统应用开发工程师
国土	城市规划工程师、造景工程师、土地规划工程师、地质与岩土工程师
农林	种子工程师、设施园艺工程师、山林工程师、畜产品工程师、林产品加工工程师、农化工程师
海洋	海洋工程师、水产养殖工程师、海洋捕捞工程师、水产品加工工艺工程师
产业设计	产品设计工程师
能源	原子能发电工程师、核燃料工程师、辐射防护工程师
安全管理	机械安全工程师、化工安全工程师、电气安全工程师、建筑安全工程师、工业卫生管理工程师、消防工程师、气体工程师
环境	大气污染治理工程师、水污染治理工程师、噪声治理与振动控制工程师、废弃物处理工程师、自然环境管理工程师、土壤环境工程师
产业应用	车间管理工程师、质量工程师、包装工程师、气象预报工程师、食品工程师
交通	交通工程师

六、日本职业分类体系

（一）日本职业分类体系介绍

日本以2000年12月的统计数据为标准对全国的职业进行了分类。职业分类指对工作进行分类的同时，通过工作来统计职业类别。这里所说的职业分类的分类项目，同企业的产业分类、个人就业形态及工作期限等有所区别，是独立进行设计的。同时，根据工作内容的相似性和从事工作的人数，从某项工作在社会中作为何种层次的职业考虑，制定了分类项目。分类项目的设定原则如下所示：

（1）完成工作必需的知识和技能；

（2）在事务所或者其他组织中发挥的作用；

（3）制造的财物和服务的种类；

（4）使用的工具、机械器具及设备种类；

（5）从事工作的环境和场所；

（6）工作必需的资格和执照种类。

总体而言，日本职业分类框架可以分为11大类。具体包括：专业技术人员、管理人员、行政人员、销售人员、服务人员、医疗保健人员、警备人员、务农人员、运输及通信人员、制造业从业人员、矿业和建筑业从业人员。下文选取日本专业技术人员为例，对其分类情况进行简要介绍。

（二）日本专业技术人员分类

依据上述职业分类的标准和原则，日本的专业技术人员一共分为20种类别。具体分类情况如表2—14所示。

表 2—14　日本专业技术人员分类①

分类依据	具体职业分类
科学研究人员	自然科学研究：科学研究人员、工程研究人员、农业、林业和渔业科学研究人员、医学研究人员、其他未分类的自然科学研究人员 人文社会科学研究：人文科学研究人员、社会科学研究人员
食品科技与农业、林业和渔业人员	农业技术人员、畜牧技术人员、林业技术人员、水产技术人员、食品技术人员、农业、林业、渔业、食品等其他技术人员
机械和电气工程师	机械工程师、飞机技术员、海洋工程师、电工电信工程师、核工程师、其他机械和电气工程师
工业工程师（机械和电气工程师除外）	金属冶炼及材料工程师、化学工程师、陶瓷工程师、其他采矿业和制造业工程师
建筑、土木工程和测量技术人员	建筑技术员、土木工程技术员、测量师
信息技术工程师	系统工程师、程序员
其他技术人员	其他技术人员
医生、牙医、兽医、药剂师	医生、牙科医生、兽医、药剂师
保健医生、助产士、护士	保健医生、助产士、护士、执业护士
医疗技术人员	放射诊疗医师、临床检查医师、卫生检查医师、物理治疗医师、职业治疗医师、牙科清洁医师、视觉训练医师、语言听觉医师
其他医疗保健职业	营养师、推拿师、按摩师、针灸师、柔道康复理疗师等
社会福利职业人员	福利咨询专家、福利设施专业指导人员等
法律界人士	法官、检察官、律师、检察长、书记员等
经济管理人员	注册会计师、税务师、社会保险专家

① 労働政策研究研修機構. 職業分類表. http：//www.jil.go.jp/institute/chosa/2008/documents/048_ 05.pdf，2012/04/01.

续表

分类依据	具体职业分类
职业教育人员	幼儿园教师、小学教师、中学教师、高中教师、职业学校教师、大学教师、聋哑和护理学校教师
宗教界人士	宗教界人士
作家、记者、编辑	作家、记者、编辑
艺术家、设计师、摄影师	雕塑家、画家、书法家、工艺美术师、设计师、摄影师
音乐家、表演艺术家	音乐家、舞蹈家、演员、制片人、导演等
其他行业	咨询师、私人教师、职业运动员、土地和房屋调查员、房地产估价师等

第二节　公务员职位分类体系

公务员职位分类体系是公务员管理的重要基础和首要环节，影响着公务员的招聘录用、绩效管理、薪酬管理、职业规划等各个环节。本节将对美国、韩国、日本等国家的职位分类体系进行介绍，以期为我国公务员职位分类体系的健全和完善提供借鉴。

一、美国公务员职位分类体系

1949 年，美国国会通过的《美国职位分类法》（Classification Act of 1949）对以往的职位分类进行了调整，并着重对职位分类的结构进行改革，将公务员的职位由原来的七大类合并为两大类，即一般行政职位，包括科学、行政、财务类等；技艺保管类职位，包括手艺、保管、储藏等，使美国公务员职位分类制度更加规范化。此后的美国公务员职位分类改革一直致力于简化分类制度。克林顿政府时期也一直在改革中突出简化职位

分类的原则，改革以前过细的职位设置、狭窄的职位定义、烦琐的分类程序等。

回顾美国当代公务员职位分类管理的探索和实践可以看出，当代美国职位分类制度改革的原则主要体现为两点：一是基于职位而不是针对个人进行分类；二是以与职位相应的职务和职责作为该职位与其他职位相似或不同的主要依据。我们从诸多美国公务员职位分类的规定中选取美国普通等级公务员职位分类（classification for the positions in the General Schedule）为研究美国公务员职位分类制度的一个视角，来探索美国公务员职位分类体系，希望对我国的公务员职位分类制度能够有所帮助。

美国普通等级公务员职位分类根据1949年《美国职位分类法》的规定而编写，并已被纳入美国法典第五卷第五十一章，其中明文规定：确立工作本质相同需提供同等报酬的原则；解释汇总表中的每个级别；在与联邦机构商议之后，指导美国人事管理委员会制定标准，帮助相关机构在适当的级别中确定职位；明确美国人事管理委员会出台的标准，能够说明各级别职位的责任、职责以及资质要求；确立官方级别名称并列出各级职位应被排列的等级。以下是美国公务员职位分类的相关概念：

1. 普通等级（General Schedule）

美国职位分类中，包括大量职位的级别难度和责任，从GS1到GS5，“GS”表示各个级别的管理或监督职位。普通等级不包括GS15以上的高级行政服务人员。

2. 职位群（Occupational Group）

职位群是汇总表的主要部分，包含了一系列相关或相联系的职业。例如编号为GS—500A的会计和预算，GS—800代表的工程建筑群，GS—300表示的一般行政、文书、办公室服务群等。表2—15就是从美国普通等级公务员职位分类中节选的部分职位群。

表 2—15　美国公务员部分职位群①

序号	职位群名称	序号	职位群名称
0100	社会科学、心理学及福利	5000	种植饲养
0200	人力资源管理	5300	工业设备维护
0300	一般行政、文书及办公室服务	5700	运输/移动设备操作
0400	自然资源管理及生物学	5800	运输/移动工具维护
0500	会计及预算	6500	火药、爆炸物及有毒材料
0600	医疗、医院、牙科及公共健康	6600	军队装备
0700	兽医科学	6900	仓储及仓库操作
0800	工程建筑	7000	包装和加工
0900	法律	7300	洗衣、干洗、熨烫
1000	信息文艺	7400	食物储备及服务
1100	商业和工业	7600	私人服务
1200	版权专利	8200	液压系统维护

3. 序列（Series）

职位群下面一个分支就是序列。序列包括专业领域类似工作的职位以及资质要求。序列使用一个名称和数字表示，例如 GS—510 表示的会计序列，GS—318 表示的文秘序列，GS—403 表示的微生物学序列等。我们从表 2—15 的职位群中选取了 5700. 运输/移动设备操作作为典型序列予以介绍（见表 2—16）。

① U. S. Office of Personal Management. *Classifying White Collar Positions*. http：//www. opm. gov/fedclass/html/gsclass. asp，2012/04/11.

表 2—16 5700. 运输/移动设备操作①

序列号	名 称	序列号	名 称
5703	汽车驾驶员	5738	铁路维护车辆驾驶员
5704	叉车驾驶员	5767	机场清洁设备操作员
5705	拖拉机驾驶员	5782	轮船驾驶员
5716	工程设备操作员	5784	拖轮驾驶员
5725	吊车驾驶员	5786	小型船舶驾驶员
5729	钻机操作员	5788	甲板水手
5736	制动/合闸控制	5737	火车机师

4. 等级（Grade）

等级由数字表示，从 GS—1 到 GS—15 体现了工作难度、责任心程度以及资质要求。

5. 职位级别（Class of Positions）

所有被分入同一个表、序列、等级的类似职位，在人事工作程序上需要得到同等对待，例如测试、选录、调动或晋升。

6. 职位（Position）

职位体现了构成员工工作内容的职责和任务。

7. 职位描述（Position Description）

职位描述是指管理者分配的职位责任以及该职位所处位置的管理关系。

8. 分类标准（Classification Standard）

分类标准是由美国人事管理委员会出台，通过将美国法典第五卷中的级别等级定义联系起来，为每个职位分配相应的职务、序列、等级提供依据。

二、加拿大公务员职位分类体系

加拿大是世界上实行公务员职位分类制度最早的国家之一。1911 年加拿大文官委员会向议会提交了关于职位分类的报告，建议将公务员的所有职位进行梳理、分类，并按照职位的资格要求招聘工作人员，确定其薪酬

---

① U. S. Office of Personal Management. *Classifying White Collar Positions*. http://www.opm.gov/fedclass/html/gsclass.asp, 2012/04/11.

标准。目前，加拿大公务员总体上分为三类级别，一是副部级，包括4级，其中最高级别为副部长，由任命产生；二是副部级以下的行政管理人员（非工会公务员），包括5级，由高到低依次为助理副部长、司长、主任、管理者、主管，根据个人能力和竞争结果任命产生；三是一般公务员（工会公务员），根据个人能力和竞争结果任命产生。加拿大公务员职位分类工作主要是由加拿大财政委员会和公务员委员会负责管理，由副部长、部门主管和部门人力资源顾问负责具体执行职位分类工作。一般公务员的职位按专业划分为25个职组（见表2—17）。

表2—17　加拿大一般公务员职组及职位名称①

职组名称	职位简称	职位名称
项目与行政服务（program and administrative services）	AS	行政服务（administrative services）
	CM	通信系统（communications）
	CR	文书和监管（clerical and regulatory）
	DA	数据处理（data processing）
	IS	信息系统（ information service）
	OE	办公设备（office equipment）
	OM	组织及方法（organization and methods）
	PM	项目管理（program administration）
	PM-MCO	谈判、仲裁和调解（negotiation, mediation and conciliation）
	ST	速记（secretarial stenographic typing）
	WP	福利项目（welfare programs）
操作服务（operational services）	FR	消防（firefighters）
	GL	普通劳动和贸易（general labor and trade）
	GS	普通服务（general service）
	HP	热力设备操作（heating power and stationary plant operation）
	HS	医疗服务（hospital services）
	LI	灯塔管理员（ lightkeepers）
	PR	印刷操作（printing operations）
	SC	船员（ship'crews）

① Treasury Board of Canada Secretariat. *Classification standards*, *point levels and ranges*. http：//www.tbs-sct.gc.ca/gui/ncls-eng.asp，2012/04/12.

续表

职组名称	职位简称	职位名称
技术服务（technical services）	DD	起草插图（drafting and illustration）
	EG	工程和科学支持（engineering and scientific support）
	GT	一般技术服务（general technical services）
	PI	初级产品检验（primary products inspection）
	PY	摄影（photography）
	TI	技术检查（technical inspection）
教育与图书馆科学（education and library science）	ED	教学（education）
	EU	教学支持（educational support）
	LS	图书馆科学（library science）
边境服务（border services）	FB	边境服务（border services group）
建筑、工程与土地调查（architecture engineering & land survey）	AR	建筑和城镇规划（architecture and town planning）
	EN－ENG	工程和土地调查（工程子类）（engineering and land survey）（sub-group engineering）
	EN－SUR	工程和土地调查（土地调查子类）（engineering and land survey）（sub-group land survey）
应用科学与专利审查（applied science & patent examination）	SP－SCI	SP－SCI〔精算（actuarial）、农业（agriculture）、生物科学（biological sciences）、化学（chemistry）、林业（forestry）、气象学（meteorology）、物理科学（physical sciences）、科学监管（scientific regulation）〕
	SP－PEB	专利审查（SP－PEB patent examination）（SG－PAT）
审计、商业和采购（audit commerce and purchasing）	AU	审计（auditing）
	CO	商业（commerce）
	PG	采购和供给（purchase and supply）
计算机系统（computer systems）	CS	计算机系统管理（computer systems administration）

续表

职组名称	职位简称	职位名称
健康服务（health services）	SH	健康服务（health services）
	DE	牙科（dentistry）
	MD	医药（medicine）
	ND	营养与饮食（nutrition & dietetics）
	NU	护理（nursing）
	OP	职业治疗和物理治疗（occupational and physical therapy）
	PH	药剂学（pharmacy）
	PS	心理学（psychology）
	SW	社会福利工作（social work）
	VW	兽医（veterinary medicine）
研究（research）	DS	国防科学服务（defence scientific service）
	HR	历史研究（historical research）
	MA	数学（mathematics）
	SE	科学研究（scientific research）
经济与社会科学服务（Economicsand social science services）	ES	经济学、社会学及统计学（economics，sociology & statistics）
	SI	社会科学支持（social science support）
翻译（translation）	TR	翻译（translation）
电子工业（electronics）	EL	电子工业（electronics）
金融管理（financial management）	FI	金融管理（financial administration）
印刷服务（无监管）（printing services）（non-supervisory）	PR（Non-S）	印刷服务（无监管）（printing operations）（non-supervisory）
船舶管理（ship management）	SO	船舶管理（ship management）

续表

职组名称	职位简称	职位名称
船舶修理（东部）（ship repair）（east）	SR（E）	船舶修理（东部）（ship repair）（east）
法律（law）	LA	法律（law）
空中交通管理（air traffic control）	AI	空中交通管理（air traffic control）
航空器操作（aircraft operations）	AO	航空器操作（aircraft operations）
惩教事务（correctional services）	CX	惩教事务（correctional services）
外事服务（foreign service）	FS	外事服务（foreign service）
无线电服务（radio operations）	RO	无线电服务（radio operations）
船舶修理（ship repair）	SR（C）	船舶修理（ship repair）

三、新加坡公务员职位分类体系

新加坡在西方三权分立的基础上发展了具有本国特色的政治体系。新加坡为议会共和制国家，其政治体系注重公务员权力的监督与制衡，这为新加坡建立高效廉洁的公务员队伍奠定了制度基础。在新加坡，总统为名义元首。立法权由国会掌握，国会议员为民选，在议会中占多数的党派负责执政。自 1965 年独立至今，新加坡均保持人民行动党一党独大的政治格局。2006 年 5 月 6 日，由李显龙领导的人民行动党再次在国会选举中获胜，取得了84个席位中的82个席位。总理之下设总理公署（Office of Prime Minister），加上政府14个部，构成了新加坡的行政系统。此外，新加坡司法系统突破固有的西方司法模式，将审计、公务员任命和提拔等与公共权力监督的内容统统纳入进来，形成了新加坡独有的司法系统。新加坡的行政体系如图2—1所示。

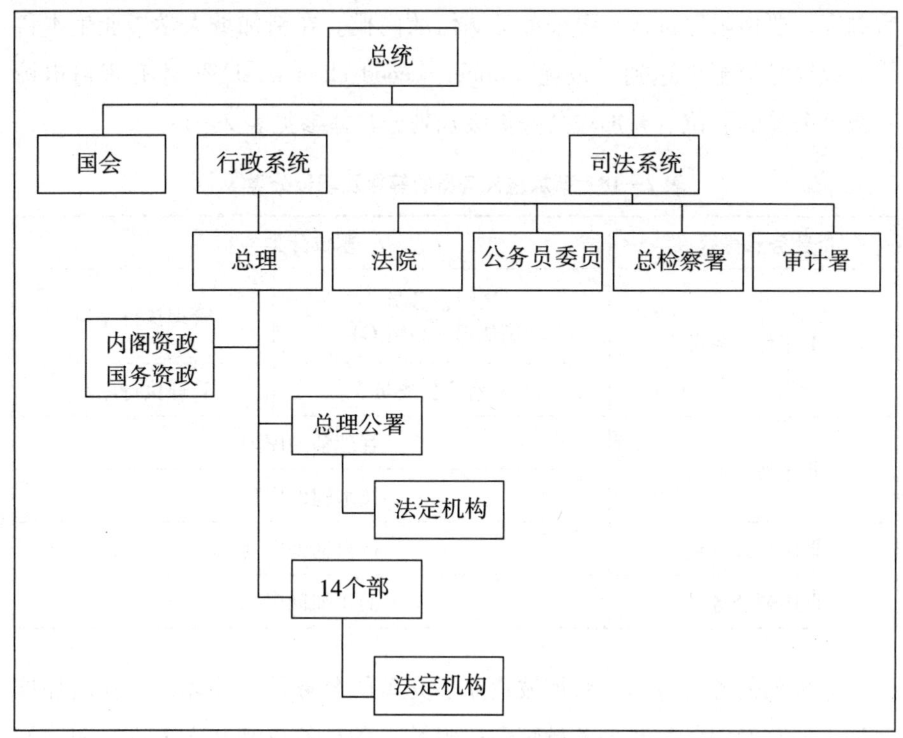

图2—1　新加坡行政体系图①

新加坡现行公务员制度构建于1947年查斯蒂议会（Trusted Commission）所引进的基本框架之上，该框架旨在全方位地重构新加坡的人事管理系统。在哈里·查斯蒂担任议会主席期间，新加坡议会将公务员队伍划分为四个序列，序列的划分主要基于公务员的技能、教育背景及责任感。第一序列公务员，亦称行政管理官员（administrative service），主要

① Singapore Government. *Singapore administrative system.* http：//www.gov.sg/government/web/content/govsg/classic/about_ us，2012/03/24.

承担政策制定和行政管理职责。[①] 第一序列公务员共划分为两个层级，分别为高级公务员（Superscale Officer）和有薪阶行政官（Timescale Officer），高级公务员又划分为 B 至 G 五个等级。高级公务员主要为常务国务大臣（Permanent Secretary）或副国务大臣（Deputy Secretary），而有薪阶行政官则指的是向国务大臣负责的公共管理机构的职业雇员。新加坡采用英国文官制度，严格限定进入一级公务员队伍的门槛。在新加坡大学毕业生本科毕业成绩必须至少达到二级优（upper second class level）[②] 才有资格申请一级公务员的职位。新加坡公务员级别划分具体参见表 2—18。

表 2—18 新加坡公务员的等级及职位分类[③]

公务员等级	职位分类	
Ⅰ序列公务员	高级公务员 （高级 B—高级 G）	管理执行序列
	有薪阶公务员	管理执行序列
Ⅱ序列公务员	管理辅助序列	
	技术辅助序列	
Ⅲ序列公务员	行政辅助序列	
Ⅳ序列公务员	操作辅助序列	

为规范公务员行为，新加坡建立了完备的公务员法律体系。在新加坡宪法中就有专门条款对公务员管理权限及公务员的权利和义务进行明确的规定。此外新加坡又先后颁布了《公务员纪律条例》〔Public Service（Disciplinary Proceedings）Regulations〕、《公务员委员会及立法委员会法案》

① Sarah Vallance，1999. Performance Appraisal in Singapore，Thailand and the Philippines：A Cultural Perspective. *Australian Journal of Public Administration*，58（3）：7.

② 由于曾为英国殖民地，新加坡保留了英国大学的学分评定制度。二级相当于 60 分及 GPA2. 1，60 分至 70 分为二级优，70 分以上为一级。剑桥、牛津等名校的研究生入学通常要求学生大学本科毕业成绩不得低于一级。

③ The Singapore Administrative Service. *Singapore civil service*. http：//www. adminservice. gov. sg/SCS/，2012/03/24.

(Public Service Commissionand Legal Service Commission Act)、《公务员委员会职责下放指导》〔Public Service Commission (Delegation of Disciplinary Functions) Directions〕、《反贪污法》(Prevention Corruption Act) 和《审计法》等法律法规，对公务员的纪律规范和检查监督做了详细规定。

四、韩国公务员职位分类体系

韩国公务员制度一般基于阶级制，辅以职位分类制，公务员大致分为国家公务员和地方公务员。公务员的阶级，不论是国家公务员，还是地方公务员都分为1—9级，原则上要求公务员按阶级和职级就任相应职位。但是，近几年随着实行高级公务员制度，1—3级公务员归为高级公务员，高级公务员不分阶级，而是根据能力或职位特征就任相应职位。韩国公务员分类体系如表2—19所示。

表2—19　韩国公务员分类体系①

<table>
<tr><th>阶级</th><th>职　级</th><th>职　位</th><th></th></tr>
<tr><td>1级</td><td>管理官</td><td rowspan="3">中央机关（部、处）次官补/室长、副知事、广域市副市长
中央机关（部、处）室长级/局长、广域市/道室长
中央机关（部、处）局长级、广域市/道局长</td><td rowspan="3">高级公务员</td></tr>
<tr><td>2级</td><td>理事官</td></tr>
<tr><td>3级</td><td>副理事官</td></tr>
<tr><td>4级</td><td>书记官</td><td>中央机关（部、处）课长、广域市/道课长、市郡区局长、课长、担当官</td><td></td></tr>
<tr><td>5级</td><td>事务官</td><td>中央机关（部、处）事务官、广域市/道班（team）长、係长（股长）</td><td></td></tr>
<tr><td>6级</td><td>主事</td><td>中央机关（部、处）主管、广域市/道主管、市郡区係长</td><td></td></tr>
<tr><td>7级</td><td>主事补</td><td></td><td></td></tr>
<tr><td>8级</td><td>书记</td><td></td><td></td></tr>
<tr><td>9级</td><td>书记补</td><td></td><td></td></tr>
</table>

① Ministry of Public Administration and Security. *Transparency in Civil Service*. http://www.mopas.go.kr/gpms/view/english/national/national03.jsp，2012/3/25.

在韩国，国家公务员和地方公务员都以政务职、一般职、别定职、特定职、合同职及技能职来区分职务种类。到2008年，国家公务员达275231人，地方职公务员达610300人（见表2—20）。其中，一般职公务员和技能职公务员用“公务员绩效评价规定”进行管理，特定职公务员用其他相应法规进行管理。

表2—20　韩国公务员人数①

分类		国家公务员人数	地方公务员人数
职种	具体职种		
政务职	政务	111	250
一般职	高级公务员	961	36
	4—9级	98887	183620
	研究职	4357	2750
	指导职	305	4575
	小计	104510	190981
别定职	高级公务员	169	18
	相当于3—9级	2252	3503
	小计	2421	3521
合同职	高级公务员	82	
	合同3—10号	1132	
	专门合同职	505	
	小计	1719	3450
特定职	外务	1488	
	教育	351134	1222
	警察	103958	82
	消防	218	31082
	检察	1670	
	小计	458468	32386
技能职	技能	43071	44643
总计		610300	275231

① Korean Politics. *The Korean Civil Service System*. http：//www.asianinfo.org/asianinfo/korea/gov/other.htm，2012/03/25.

五、日本公务员职位分类体系

日本公务员分为地方公务员和国家公务员两类，《地方公务员法》（1950 年 12 月 13 日法律第二百六十一号）和《国家公务员法》（1947 年 10 月 21 日法律第一百二十号）分别对地方公务员与国家公务员的职位分类进行了规定。

（一）日本地方公务员职位分类①

日本《地方公务员法》第三条规定了地方公务员的定义和职位分类。地方公务员包括地方公共团体及特定地方独立行政法人〔《独立行政法人法》（2003 年法律第一百一十八号）第二条第二项所规定的特定地方独立行政法人〕的所有公务员。地方公务员的职位分为一般职务和特殊职位。其中，一般职务是指特殊职位之外的一切职务，特殊职务是以下所列职务：

（1）就职必须要经过地方公共团体的议会选举、决议或同意的职位；

（2）地方公营企业的管理者和企业团体董事长的职位；

（3）根据法令或条例、地方公共团体的规则或地方公共团体机关所规程所设立的委员及委员会（包括审议会及以其为标准的活动）构成成员的职位，属于暂时或临时出勤的职位；

（4）都道府县劳动委员会委员的职务，属于专职的职位；

（5）暂时或临时出勤的顾问、参事、调查员、特约人员及与其相似的职位；

（6）条例指定了地方公共团体首领、议会议长及其他地方公共团体机关总长秘书的职位；

（7）临时出勤的消防队员及防洪和队员的职位；

（8）特定地方独立行政法人的高级职员。

---

① 地方公務員法．http：//law．e－gov．go．jp/htmldata/S25/S25HO261．html，2012/03/27．

（二）日本国家公务员职位分类①

日本《国家公务员法》第一章第二条规定国家公务员职务分一般职务和特殊职务。一般职务包括特殊职务之外的所有国家公务员职务，特殊职务包括如下所列的职务：

（1）内阁总理大臣；

（2）国务大臣；

（3）人事官和检察官；

（4）内阁法制局长官；

（5）内阁官房副长官（内阁危机管理监、内阁官房副长官补、内阁宣传官及内阁情报官）；

（6）内阁总理大臣辅佐官；

（7）副大臣（大臣政务官）；

（8）内阁总理大臣秘书官、国务大臣秘书官及特殊职位的机关秘书官中，根据人事院规则指定的人员；

（9）就任时，必须经过选举或必须得到国会两院或一院的决议或同意的职员；

（10）宫内厅长官、侍从长、东宫大夫、式部官长和侍从次长，以及根据法律或人事院规则指定的宫内厅的其他职员；

（11）日本联合国国内委员会委员；

（12）日本学士院会员（日本学术会议会员）；

（13）裁判官及其他的裁判所成员；

（14）国会支援；

（15）国会议员秘书；

（16）防卫省员〔依据防卫省设置法（2007 年法律第一百六十四号）第三十九条的政令设定的委员及同一法律第四条第二十四号或第二十五号

---

① 国家公務員法. http：//law. e-gov. go. jp/htmldata/S22/S22HO120. html，2012/03/27.

规定的从事事务的职员、同一法律第三十九条规定的人员中，除去人事院规则中指定的人员〕；

（17）独立行政法人通则（1999 年法律第一百零三号）第二条第三项所规定的特定独立行政法人（以下称为“独立行政法人”）的负责人。

第三章
能力素质标准

以信息技术为代表的科技革命迅猛发展，经济全球化的快速扩张以及国际经济结构调整的明显加快，这一切都对各国公务员和专业技术人员的能力和素质提出了新的挑战。本章将对美国、英国、加拿大、澳大利亚、日本、新加坡等国家的公务员、高级公务员和专业技术人员的能力素质进行介绍，为我国公务员和专业技术人员能力素质的提升提供参考。

第一节　公务员能力素质

公务员能力决定着政府工作的效率和效能，是构成国家核心竞争力的重要组成部分，是公共部门人力资源开发的焦点。当前，公务员能力研究已成为世界性潮流，许多发达国家与地区普遍重视公务员能力研究。美国、英国、加拿大、澳大利亚、日本、新加坡等国家都把提高公务员能力作为迎接新的挑战和增强国家竞争力的重要战略，并积极建立适合本国国情的针对不同级别的公务员能力标准和框架，用于公务员的选拔、录用、考核、晋升和培训等人力资源管理活动当中。这些已有的成功理念、制度和实践，为我国公务员能力素质研究提供了重要的参考资料。

一、美国公务员能力素质

美国公务员能力素质介绍了基于胜任素质的资格鉴定标准，为建立基本公务员资格鉴定体系提供了总体信息和指导方针。由于美国普通等级公务员包括了 15 个级别，从新职员到中层管理者等绝大多数联邦公务员都属于这些层级的范畴之内。因此，在本节中我们选取普通等级公务员作为研究对象，并选取其中的人力资源助理（Human Resources Assistance）和人力资源管理（Human Resources Management）职位公务员的能力素质进行介绍。

（一）美国人力资源助理职位公务员能力素质

1. 以胜任素质为基础的资格标准

美国普通等级1—15级公务员的胜任素质规定了一系列的工作能力要求及相应的等级标准。胜任素质是一个宽泛的概念，常需要以多种专业和技术能力作为支撑。美国人事管理委员会为所有公务员胜任素质规定了特定能力水平等级。不同单位、不同职位对胜任素质的要求也不尽相同，各用人单位应在已经确定的技术能力标准中选择适当的能力水平等级作为选拔和评价公务员的基本要求。公务员能力素质必须达到一定的熟练等级。如果其某项能力不达标，将被视为无法胜任该职位。

2. 个人职业要求

美国普通等级1—15级公务员能力素质包括各级别对公务员个人能力的要求及其等级。本标准中每一等级的定义和设立标准适用于同等级其他类型的公务员职业要求。下文仅选择美国人力资源助理职位公务员的能力素质作为典型标准加以说明，各等级的职业要求可参考下文介绍。

（1）等级1（GS—1）。等级1是指不具备所需的经验或教育。

（2）等级2（GS—2）。等级2是指具有三个月的一般经验，期间具有从事文书撰写、办公室工作或其他工作经验，拥有高中或同等学力。

（3）等级3（GS—3）。等级3表示公务员的各项能力要求除达到或超出本级别所规定的最低等级外，还应满足相应经验或教育要求（见表3—1）。

表3—1　资格等级水平（等级3）①

能力要求	最低等级
人际交往能力	2——初级
客户服务	2——初级

① U. S. Office of Personal Management. *Human Resources Assistance Series*. http://www.opm.gov/qualifications/standards/IORs/gs0200/0203.htm, 2012/04/19.

续表

能力要求	最低等级
注重细节	2——初级
自我管理	2——初级
阅读理解	2——初级
决策能力	2——初级
经验或教育要求	
具有三个月的一般经验，期间有从事文书撰写、办公室工作或其他工作经验，并具有履行所申请岗位职责的能力。 高中一年以上教育背景。接受教育的学校必须是具有资质的商业、文秘或技术院校、专科院校或大学。一年全日制学习指两学期 30 学分制或四学期 45 学分制教学或其他大专院校同等教育，或者在商业、文秘、技术院校接受大约 36 周、每周 20 小时的课堂教学。	

（4）等级 4（GS—4）。等级 4 表示公务员的各项能力要求除达到或超出本级别所规定的最低等级，还应满足相应经验或教育要求（见表 3—2）。

表 3—2　资格等级水平（等级 4）①

能力要求	最低等级
人际交往能力	2——初级
客户服务	2——初级
注重细节	2——初级
自我管理	2——初级
阅读理解	2——初级
决策能力	2——初级
经验或教育要求	
具有一年的工作经验，期间具有从事文书、办公室工作或其他相关工作经验，或者通过其他工作经验获得履行所申请岗位职责的能力。 高中二年以上教育背景。接受教育的学校必须是有资质的商业、文秘或技术院校、专科院校或大学。一年全日制学习是指两学期 30 学分制或四学期 45 学分制教学或其他大专院校同等教育，或者在商业、文秘、技术院校接受大约 36 周、每周 20 小时的课堂教学。	

① U. S. Office of Personal Management. *Human Resources Assistance Series*. http：//www. opm. gov/qualifications/standards/IORs/gs0200/0203. htm，2012/04/19.

（5）等级5（GS—5）。等级5表示公务员各项能力要求除达到或超出本级别所规定的最低等级外，还应满足相应经验或教育要求（见表3—3）。

表3—3　资格等级水平（等级5）①

<table>
<tr><th>能力要求</th><th>最低等级</th></tr>
<tr><td>人际交往能力</td><td>3——中级</td></tr>
<tr><td>客户服务</td><td>3——中级</td></tr>
<tr><td>注重细节</td><td>3——中级</td></tr>
<tr><td>自我管理</td><td>2——初级</td></tr>
<tr><td>阅读理解</td><td>2——初级</td></tr>
<tr><td>决策能力</td><td>3——中级</td></tr>
<tr><td colspan="2">经验或教育要求</td></tr>
<tr><td colspan="2">具有一年与所申请岗位相关的专业经验，最低要达到等级4相关要求；或高中四年以上教育背景。接受教育的学校必须是有资质的商业、文秘或技术院校、专科院校或大学。一年全日制学习是指两学期30学分制或四学期45学分制教学或其他大专院校同等教育，或者在商业、文秘、技术院校接受大约36周、每周20小时的课堂教学。</td></tr>
</table>

（6）等级6及以上（GS—6及以上）。等级6及以上等级表示公务员的各项能力要求除达到或超出本级别所规定的最低等级外，还应满足相应经验要求（见表3—4）。

表3—4　资格等级水平（等级6及以上）②

要求的能力	最低熟练程度等级
人际交往能力	3——中级
客户服务	3——中级

---

① U. S. Office of Personal Management. *Human Resources Assistance Series*. http：//www. opm. gov/qualifications/standards/IORs/gs0200/0203. htm，2012/04/19.

② U. S. Office of Personal Management. *Human Resources Assistance Series*. http：//www. opm. gov/qualifications/standards/IORs/gs0200/0203. htm，2012/04/19.

续表

要求的能力	最低熟练程度等级
注重细节	3——中级
自我管理	3——中级
阅读理解	3——中级
计划和组织能力	3——中级
经验或教育要求	
具有一年与所申请岗位相关的专业经验，至少需达到等级 5 相关要求。	

3. 胜任素质

美国人力资源助理职位公务员胜任素质包括：注重细节、客户服务、决策能力、人际交往能力、计划和组织能力、阅读理解能力、自我管理等。为帮助美国公务员更好地胜任本职工作，美国政府对公务员的胜任素质进行了严谨详细的定义。

注重细节是指工作时仔细认真、注重细节。

客户服务是指为委托人或客户（此处的委托人或客户是指任何使用或接受本工作单位提供的产品或服务的个人、机构工作人员、其他机构以及政府部门以外的组织）服务，确定他们的需求，为其提供帮助或信息，解决客户问题，满足客户期望；了解产品或服务；负责提供优质产品或服务。

决策能力是指做出明智、准确、客观的决定，对决策影响和效果进行评估并付诸实践；即便在不确定的环境中，也能实现预期组织目标，并且随机应变。

人际交往能力是指与他人相处融洽、待人友善、理解他人、礼貌谦虚，能够发展并维系良好的人际关系，正确处理与刻薄、不友善、情绪低落者的关系，与来自不同背景不同出身的人建立良好关系，了解人与人之间文化、种族、性别、人身残疾或其他差异的不同并与之建立良好的关系。

计划和组织能力是指组织自己的工作，安排优先顺序，系统进行计划并完成工作。

阅读理解能力是指能理解和解释书面材料的含义，具体包括理解技术材料、规章制度、命令、报告、图表图形、表格等含义，并能将从材料中获得的信息应用于具体情境。

自我管理是指设立明确实际的目标，具有高度的主动性和热情，努力按时完成所交付的任务，可以独立完成工作，不需监督，积极主动，勇于承担责任。

4. 熟练等级

美国人事管理委员会为胜任素质规定了相应的等级，可帮助公务员及时了解自身能力所处的等级水平，了解需要改善的能力部分，从而提高自身开展社会服务的能力（见表3—5）。

表3—5　熟练等级表①

等　级	普通等级胜任素质	技术序列胜任素质
5——专家	在极端困难的环境中展现胜任素质； 担任关键角色并指导他人。	在极端困难的环境中应用胜任素质； 担任关键角色并指导他人； 熟练而全面理解概念及程序。
4——高级	在非常困难的环境中展现胜任素质； 通常不需要别人指导。	在非常困难的环境中展现胜任素质； 通常不需要别人指导； 较全面地理解概念和程序。
3——中级	在困难的环境中展现胜任素质； 偶尔需要指导。	在困难的环境中展现胜任素质； 偶尔需要指导； 具备理解概念和程序的能力。
2——初级	在略微困难的环境中展现胜任素质； 需要经常性指导。	在略微困难的环境中展现胜任素质； 需要经常性指导； 熟悉概念和程序。
1——认知	在简单的环境中展现胜任素质； 需要紧密广泛的指导。	在简单环境中展现胜任素质； 需要紧密广泛的指导； 对概念和程序处于认知阶段。

① U. S. Office of Personal Management. *Human Resources Assistance Series*. http：//www. opm. gov/qualifications/standards/IORs/gs0200/0203. htm，2012/04/19.

（二）美国人力资源管理职位公务员能力素质

1. 个人职业要求

能力素质介绍包括各级别对个人能力的要求及其等级。本标准中每一等级的定义和设立标准适用于同等级的公务员职业要求。我们选取了美国普通等级公务员中人力资源管理职位公务员的能力素质进行介绍。下文仅对等级 5（GS—5）、等级 7（GS—7）、等级 9（GS—9）和等级 12 以上（GS—12 and above）作为典型标准加以说明，其他等级可参考下文介绍。

（1）等级 5（GS—5）。等级 5 表示公务员的各项能力要求除达到或超出本级别所规定的最低等级外，还应满足相应经验或教育要求（见表 3—6）。

表 3—6 资格等级水平（等级 5）①

能力要求	最低等级
人际交往能力	2——初级
客户服务	2——初级
注重细节	2——初级
阅读理解	2——初级
推理能力	2——初级
学习能力	2——初级
经验或教育要求	
具有三年工作经验，其中必须有一年符合等级 4 或更高等级要求的工作经验。工作经验应来自管理、专业、技术、调研或其他相关工作领域。 有从事文秘、办公室工作等其他实际相关工作经验的，根据所提供的证明，需对申请人所申请岗位的能力资格进行鉴定。办公室日常工作不作为任职资格鉴定范围。 完成相关领域四年全日制学习，在国家承认的大专院校取得学士学位。	

（2）等级 7（GS—7）。等级 7 表示公务员的各项能力要求除达到或超出本级别所规定的最低等级外，还应满足相应经验或教育要求（见表 3—7）。

① U. S. Office of Personal Management. *Human Resources Management Series.* http：//www. opm. gov/qualifications/standards/IORs/gs0200/0201. htm，2012/04/21.

表 3—7 资格等级水平（等级 7）①

能力要求	最低等级
客户服务	3—中级
人际交往能力	3—中级
注重细节	3—中级
阅读理解	3—中级
推理能力	2—初级
团队合作能力	3—中级
自我管理	2—初级
经验或教育要求	
具有一年与所申请岗位对口或相关的专业经验，符合等级 5 或更高等级要求，具有从事相关工作的能力；或取得卓越学术成就；或接受一年相关专业研究生教育。	

（3）等级 9（GS—9）。等级 9 表示公务员的各项能力要求除达到或超出本级别所规定的最低等级外，还应满足相应经验或教育要求（见表 3—8）。

表 3—8 资格等级水平（等级 9）②

能力要求	最低等级
客户服务	3—中级
人际交往	3—中级
注重细节	3—中级
阅读理解	3—中级
推理能力	3—中级
团队合作能力	3—中级
自我管理能力	3—中级
责任要求	2—初级

① U. S. Office of Personal Management. *Human Resources Management Series*. http：//www. opm. gov/qualifications/standards/IORs/gs0200/0201. htm，2012/04/21.

② U. S. Office of Personal Management. *Human Resources Management Series*. http：//www. opm. gov/qualifications/standards/IORs/gs0200/0201. htm，2012/04/21.

续表

经验或教育要求
具有一年与所申请岗位对口或相关的专业经验，满足等级 7 或更高等级要求，具有从事工作所要求的能力；或接受了两年高等研究生教育，取得硕士学位或完成硕士同等学力教育，具有从事相关工作所要求的能力。

（4）等级 11（GS—11）。等级 11 表示公务员的各项能力要求除达到或超出本级别所规定的最低等级外，还应满足相应经验或教育要求（见表 3—9）。

表 3—9　资格等级水平（等级 11）①

能力要求	最低等级
客户服务	4——高级
人际交往能力	4——高级
注重细节	4——高级
阅读理解	3——中级
解决问题	4——高级
团队合作能力	4——高级
自我管理	4——高级
责任要求	3——中级
经验或教育要求	
具有与所申请岗位对口或相关的专业经验，满足等级 9 或更高等级要求，具有从事工作所要求的能力；接受了研究生教育，取得博士学位或完成硕士同等学力教育，具有从事相关工作所要求的能力。	

（5）等级 12 及以上（GS—12 and above）。对于等级 12、等级 13、等级 14 和等级 15 的岗位，公务员的各项能力除达到或超出本级别所规定的最低等级外，还应满足相应经验要求（见表 3—10）。

① U. S. Office of Personal Management. *Human Resources Management Series*. http：// www. opm. gov/qualifications/standards/IORs/gs0200/0201. htm，2012/04/21.

表 3—10　资格等级水平（等级 12 及以上）①

能力要求	最低熟练程度等级
客户服务	4——高级
人际交往能力	4——高级
注重细节	4——高级
阅读理解	4——高级
解决问题	4——高级
团队合作能力	4——高级
自我管理	4——高级
责任要求	4——高级
经验要求	
一年专业工作经验；符合所申请岗位前一等级的要求；有能力从事相关工作；具备与岗位密切相关的工作经验。	

2. 胜任素质

美国 5 级以上人力资源管理职位公务员胜任素质包含注重细节、客户服务、决策能力、人际交往能力、阅读理解能力、自我管理等因素。为了能够帮助美国公务员更好地胜任本职工作要求，美国人事管理委员会对胜任素质不同的维度进行了详细而严谨的定义。

责任心指的是自我约束，对取得高质量、及时、节约成本的工作成果承担责任，设立目标、确立优先级并分派工作，勇于承认错误和承担责任，遵守现有管理制度及规章。

学习能力指展现高效学习技巧，获取并应用新知识新技术的能力；利用培训、信息反馈及其他机会学习和提高自我的能力。

解决问题指识别问题本质，判定信息的准确性和关联性；在理智作出决定的同时，对解决方案进行评估。

推理能力指能识别事实、数据和其他信息并发现隐藏的规则、原理和关系，同时能分析信息，做出正确的推论并得出准确结果。

① U. S. Office of Personal Management. *Human Resources Management Series*. http://www.opm.gov/qualifications/standards/IORs/gs0200/0201.htm，2012/04/21.

团队合作指鼓励并促进团队合作，提倡尊重、信任以及团队协作；注重培养团队精神；与他人共同努力实现目标。

注重细节是指工作时仔细认真。

客户服务指为委托人或客户（此处的委托人或客户是指任何使用或接受你工作单位提供的产品或服务的个人、机构工作人员、其他机构，以及政府部门以外的组织）服务，确定其需求，提供帮助或信息，解决客户的问题，满足客户期望；了解产品或服务；负责提供优质的产品或服务。

人际交往能力指与他人相处融洽，待人友善，理解他人，礼貌谦虚，发展并维系良好的人际关系，正确处理与刻薄、不友善、情绪低落者之间的关系，与来自不同背景、不同出身的人建立良好关系，了解人与人文化、种族、性别、人身残疾或其他差异的不同并与之建立良好关系。

阅读理解能力是指理解并能解释书面材料的含义，具体包括理解技术材料、规章制度、命令、报告、图表图形、表格等的含义，并能够将从材料中获取的信息应用于具体情况中。

自我管理是指能够自主设立明确实际的目标，具有高度的工作主动性和热情，努力按时完成交付的任务，能在无须监督的情况下独立完成工作，积极主动并勇于承担责任。

3. 熟练等级

本标准规定了胜任素质的相应等级，可以帮助公务员及时了解自身所处能力等级，了解需要改善提高的能力部分，从而更好地开展社会服务（见表3—11）。

表3—11　熟练等级表①

等　级	普通等级胜任素质	技术序列胜任素质
5——专家	在极端困难的环境中展现胜任素质； 担任关键角色并指导他人。	在极端困难的环境中应用胜任素质； 担任关键角色并指导他人； 熟练而全面理解概念及程序。

① U. S. Office of Personal Management. *Human Resources Management Series*. http://www.opm.gov/qualifications/standards/IORs/gs0200/0201.htm，2012/04/21.

续表

等　级	普通等级胜任素质	技术序列胜任素质
4——高级	在非常困难的环境中展现胜任素质； 通常不需要别人指导。	在非常困难的环境中展现胜任素质； 通常不需要别人指导； 较全面的理解概念和程序。
3——中级	在困难的环境中展现胜任素质； 偶尔需要指导。	在困难的环境中展现胜任素质； 偶尔需要指导； 具备理解概念和程序的能力。
2——初级	在略微困难的环境中展现胜任素质； 需要经常性指导。	在略微困难的环境中展现胜任素质； 需要经常性指导； 熟悉概念和程序。
1——认知	在简单的环境中展现胜任素质； 需要紧密广泛的指导。	在简单的环境中展现胜任素质； 需要紧密广泛的指导； 对概念和程序处于认知阶段。

二、英国公务员能力素质

英国政府于2005年开始实施基于胜任素质框架的公务员能力建设战略行动。2008年，英国以胜任素质框架为基础，制定了公务员能力建设的推进战略及具体举措，整个计划由国家技能局统筹负责。根据公务员能力建设推进战略时间进度表，基于胜任素质框架的公务员能力建设进程会持续3年甚至更长时间。

胜任素质框架共由四个能力维度组成：服务能力、智力、人际交往能力、领导与管理。这四个维度形成了一个胜任素质框架（见表3—12）。

表3—12　胜任素质框架①

胜任素质	组成部分	内　容
服务能力	政策制定及服务	理解客户意图并尽力满足他们的要求。与其他分析员、同事以及广大客户共同努力，为政府决策的制定提供优质服务和做出贡献。

① U K. the Civil Service. *GSR competency framework*. http：//www.civilservice.gov.uk/networks/gsr/gsr-recruitment/competency-framework,2012/04/25.

续表

胜任素质	组成部分	内　容
服务能力	工作表现	根据对工作的回顾和前瞻，对工作事务做出计划，达到高标准要求并严格遵守时间；当问题出现或程序运作不利时能够积极主动做出反应。抗压能力强，不因挫折影响自己工作。
	学习和提高	了解自身发展需要，寻求机会学习新技能新知识；善于向他人学习；能够迅速适应新团队、新环境以及各种工作需要；即便在不确定的时间或环境中，也能够适应不同角色要求得心应手地处理工作问题。
智力	逻辑分析和决策	能够借助经验综合应用各种工具对不同方式的数据信息进行批判分析。做出可靠而有事实根据的决策或者帮助他人做出决策，评估风险确保决策的顺利实施；对不可预测性环境能够做出迅速有效的反应。
	创造性思维	心怀目标，发挥想象力；从大局角度看问题，善于运用事物之间的联系；思路开阔，善于从感性认识中提升到理性认识；能够鼓励并接纳他人提出想法意见。
	专业技能	具有作为政府社会调研员所需的丰富知识和经验；举止间体现出所需的专业能力、丰富的知识以及洞察力。
人际交往能力	结构化的人际关系	运用人际交往能力及其他交际能力与他人建立和谐关系；注意自己的言行举止会对他人产生的影响，理解别人的处境和心态；理解价值差异，处事风格灵活多变。
	表达能力	简单明了地表达书面和口头信息；简洁地表达自己的观点并能恰如其分地为之辩护；开展有效的讨论，得出明确的结论。
领导和管理	领导和指导能力	在向团队或合作者做出指导的过程中扮演积极主要的角色；达到高标准；能赢得他人信任，乐于与其合作。

本节将选择上述胜任素质框架中的两项进行阐述，分别是工作表现以及领导和指导能力。本文涉及的调研员分为五级，分别是调研员、高级调研员、首席调研员、高级首席调研员和 5 级调研员。对于不同级调研员，工作表现及领导和指导能力的胜任素质的积极表现和消极表现也是不同的，下文将进行详细的阐述。

（一）工作表现

工作表现是指根据对以往工作的回顾和展望，对工作事务进行计划，达到高标准的要求并严格遵守时间；出现问题或程序运作不利时能够积极主动做出反应，抗压能力强，不因挫折影响工作。

1. 积极表现

（1）调研员积极工作表现的特点。高效地制定计划和管理时间，必要时调整工作优先级。将复杂调研问题拆分成一系列可执行的任务，设置切实可行的时间限制，监督核查阶段目标的完成情况。解决计划外的偶然事件，调整计划，提出解决问题的方案。负责推动研究项目向前推进，在程序进展不利时实行问责。如果第一次尝试未能成功，依然保持热情继续尝试。在任何时间受到来自工作或其他同事的压力时仍能保持原有的工作表现。在项目规定的预算范围内开展工作。

（2）高级调研员积极工作表现的特点。设立并确定调研目标及结果。设立明确目标并制定计划，规划好调研工作的优先级，每天对计划进行回顾。将全局性项目目标具体化。将复杂易变的计划按系列细化为各项可执行的任务。严格遵守时间和预算，设立总目标、阶段目标以及合适的监督程序。预测项目中的困难，随即制定应急计划，授权行动，采取提前措施清除障碍。按优先级配备调研资源，并根据优先级变化做出调整，按时完成任务。根据政策和战略目标调整工作程序。平衡项目与其他项目间的需要，按时按预算完成重要活动。不怕遭遇挫折，在任务紧迫时依然保持毅力。

（3）首席调研员积极工作表现的特点。明确调研对象、预期目标以及团队或部门的主要服务对象。有效对相互冲突的任务进行排序，保证按时

完成计划。对计划进行调整，以便适应情况的变化。遇到挫折采取补救措施；在复杂多变的情况下仍能履行职责。协调各种资源，按时、按预算完成任务，并遵守相关标准。对预算进行高效管理，有效估算和监管开支，并采取一定措施处理超支现象。对工作程序进行回顾，确保其与政策和战略性目标相一致；根据计划系统监督程序的执行；识别风险并采取措施处理问题。具有较强的适应能力和灵活性；面临压力时坚信“能做到”。

（4）高级首席调研员积极工作表现的特点。评价调研团队的工作进展，采取完成工作所需的必要措施。独立指导调研程序，确保完成关键目标和预算充足；采取行动积极影响项目进展。准确评估调研程序的重要性、资源、预算和风险。准确划分程序进展的阶段，并制定方案。制定高质量调研的要求，例如为政策制定提供支持。制定与政策需求直接相关的部门研究策略；并与预算相联系。制定调研计划时充分考虑不同功能要求。面对困难能坚守岗位，具有较大的适应性和毅力，遇到挫折时仍能持续为实现目标努力。独立自主，对自己的能力充满信心，具有独创精神，选择合适方案成功完成目标。

（5）5级调研员工作表现的积极特点。确立单位的短期或长期目标，细化长期战略目标中的具体目标，协助团队领导开展工作，集中团队力量实现客户服务并提交工作成果。对客户需求的重要性加以准确评估，并为其提供帮助。通过预测对优先级加以调整，并通过重大应急性计划加以实施。制定初步总体预算，以利于各单位实施；检查团队项目进展情况。监督和检查项目进展情况和各单位的工作表现，安排工作确保按规定时间、预算、规定质量标准完成，例如利用组织财政报告制定管理决策。利用不同的专业知识和多种能力完成任务。制定和确立分析和调研标准，例如为社会调研活动设立科学和道德标准，并确保这些标准和政府或行业标准相一致。尽职尽责地执行各项决策。正视棘手问题，促进工作团队完成工作目标。勇于迎接挑战；适应性强，果断坚定；不回避困难和问题，能够明确需要提前采取行动解决的问题。

2. 消极表现

（1）调研员消极工作表现的特点。随机性地检查程序或任务，不能监管工作进展。仅指出问题，不能遵守时间规定，对下属一味施压，不顾预算限制，注重调研形式而不重视结果。

（2）高级调研员消极工作表现的特点。过于强调细节，安排工作缺少计划性，采取行动缺乏根据。消极采取行动，或者不采取行动，坐等事情发生。不能考虑到计划中的意外问题。不能按照规定规格、质量、时间要求交付任务。出现突发事件时，难以对计划和优先级进行调整。预算超支缺少正当理由。

（3）首席调研员消极工作表现的特点。分析问题提出方案花费时间太长，不遵守组织要求或法律法规。工作中经常“泼冷水”。被技术细节拖累。工作进展不利时自怨自艾，过分自责。逃避困难问题，被动采取行动，或者不采取措施，坐等事情发生。不能控制预算。

（4）高级首席调研员消极工作表现的特点。过分强调讨论而耽误采取行动。开展工作时忽视对个人和组织的影响，不对风险进行管理。不能使行动和战略保持一致，过分注重操作过程而不重视战略问题。不能有效管理与他人合作的项目。与其他部门关系不和睦。对调研预算进行错误的估计，不能设立应付超支现象的应急资金。事情进展不利时责难团队。

（5）5 级调研员消极工作表现的特点。假定别人明白该做什么，而不是直接明确地告知。流于形式忽视结果，直到事态严重后才采取行动。面对挫折时失去前进的动力。不能检查工作单位的任务交付情况，不能将长期愿景落实到具体行动计划中，不能利用各种分析能力完成工作目标，不能传递准确的信息。

（二）领导和指导能力

领导和指导能力是指在指导团队或合作者的过程中扮演重要而积极的角色，高标准地完成任务，能赢得他人信任，使他人乐于与其合作。

1. 积极领导和指导

（1）调研员积极领导和指导的特点。推动和鼓励团队成员之间的合作，确保任务的顺利完成。协调各下属间的工作关系，建立并维系与所有高级人员的合作关系。向下属反馈积极信息，便于其集中力量开展工作。

在特殊领域针对技术问题提供指导，在同事不确定时能提供证据，指导同事开展工作。处理工作报告时，对下属的工作表现提供积极信息反馈。

（2）高级调研员积极领导和指导的特点。鼓励团队成员合作以达成共同目标。有效放权，鼓励团队成员执行任务。建立明确的目标，及时积极地提供信息反馈。管理调研工作程序及下属，确保取得优质而严谨的工作成果，监督并检查下属的调研工作和项目进展情况，并采取必要措施。为新人或缺乏经验的团队成员提供帮助和指导。在特定领域为同事或团队提供技术支持。在技术上有充分的权威，领导并执行建设性方案，在调研问题上提出的解决方案能够被同事们欣然接受。

（3）首席调研员积极领导和指导的特点。鼓励并指导团队尽最大努力工作，支持并帮助他们克服困难。促使团队成员同心协力并监督他们的工作。明确任务和目标，并准确地传达给相关人员。有效地相关人员放权，鼓励他们接受富有挑战的新工作，为他们提供锻炼和发展机会。评价工作表现，采取及时措施克服工作中的不足。针对个人、环境和文化差异，调整领导方式。在一系列“技术问题”上为团队提供全面指导，例如方法论等。能够肯定成绩并与团队共庆成功。积极向团队成员授权，使其担负工作责任，支持其承担必要风险。协调、监督和管理调研项目合作人，并采取相应的必要措施。在促成社会多样化方面做出积极表率。

（4）高级首席调研员积极领导和指导的特点。鼓励并指导他人和团队尽最大努力完成工作；鼓励他人热情工作、勇于担当、积极创新。调整领导方式，以适应不同个人、环境或文化的差异。积极促成合作，提升组织管理水平。明确达成目标需承担的责任和任务；采取行动对项目进行评估。评价工作表现，采取激励手段鼓励工作表现较差的下属。允许和鼓励下属承担相应责任；了解什么时候需要介入什么时候不可介入。向团队成员传达主要政策或政治环境的变化情况。发现和推荐人才，与调研人员共同努力，并建立良好关系确保工作的顺利开展。最大限度地协调利用现有资源，并在必要时借助外部资源。

（5）5 级调研员积极领导和指导的特点。提升重要员工应对高度复杂问题的能力和简单横向工作联系的能力。提出有说服力的长期规划，并确保得到团队的理解和认可。详细阐述长期目标、分解各单位任务和团队外所涉及利益相关者的工作。系统地回顾团队和关键工作人员的目标进展情况。指导团队或个人尽最大努力工作，发现并推荐优秀人才，确立能适应多样化环境要求的行为标准。对个人或团队的成绩表示鼓励和祝贺，及时处理工作表现不力的行为或不当行为。使团队成员充分了解重大政策对本部门乃至整个政府的影响。调整领导方式以适应不同的人群、组织文化、政治环境等。向各部门、公务员队伍和全球发布社会调研报告。在紧急事件、变革中发挥领导作用，及时避免危机的发生。

2. 消极领导和指导

（1）调研员消极领导和指导的特点。盲目排外，不能与他人合作，不能积极与合作者和谐地合作。无法通过足够资料做出决策，做出的决策不能被同事认同，不能成为技术权威。

（2）高级调研员消极领导和指导的特点。不对承担任务的团队成员授权，或者不考虑其工作强度或进展的需要。未能对工作表现提供信息反馈（无论是积极的还是消极的），不能很好解释目标设计，未能积极地监管合作者的活动。

（3）首席调研员消极领导和指导的特点。不鼓励团队成员承担额外任务，不能帮助团队成员确立学习需求。总是采用单一领导风格。不鼓励团队承担风险，出现问题时表现消极。领导风格专断，不允许团队采取有异于自己的决定。处理团队成员事务时有失公允。

（4）高级首席调研员消极领导和指导的特点。团队决策不能体现公平公正。领导风格导致团队成员压抑沮丧，使他们害怕出现问题和错误，而非抱着从中学习的态度。领导风格僵化，不能适应下属的个人需要。对接收到的信息反馈持消极回避的态度。不能注意到工作表现中的特殊方面（无论是积极的或是消极的），不能提供相应的信息反馈。不授权团队成员承担责任。

（5）5级调研员消极领导和指导的特点。独揽成果，指望他人提供工作方向。组织氛围不能包容多样性。批示多、交流少。不能为单位提出一个明确的目标。管理方法一成不变。不委派具有挑战性的令人感兴趣的工

作。总是挑错（过分苛刻）。紧要关头不能支持团队成员。在设立和管理标准时未能采用系统方法。

三、加拿大公务员能力素质

加拿大公务员能力素质包含总体胜任素质和针对不同对象的专项胜任素质，例如针对部门的管理人才及领导者开发的一套管理者胜任素质的科学模型。为了更加全面深入了解加拿大公务员能力素质的特点，我们选取总体胜任素质（wholistic competency）和管理者胜任素质（Competency profile for supervisors）进行详细介绍。

（一）总体胜任素质

加拿大总体胜任素质是全方位的。这不仅是由于它涵盖了大量的个人品质，还因为它注重这些品质所处的环境。总体胜任素质建议将工作场所中的行为理解为个人能力和组织环境的互动。[①] 总体胜任素质表现出个人在工作中的综合特性，反映了个人、团队或整个组织的能力，同时为推行人力资源管理提供了有价值的参考，如人事安排、绩效评价、培训发展、团队建设等。同时，对个体在一定环境中的总体描述可作为个人发展和职业管理的基础。加拿大公务员能力素质的构建，也是基于总体胜任素质模型进行开发的。该模型中主要因素包括天分、能力、知识、体能、风格、人格、原则、价值观、信仰、态度和兴趣。

1. 天分

天分是指获得技术或具备某种能力的潜力或才能，也就是说，一个人在适当的环境中或经过培训能学会做什么。天分不同于技术和能力，因为天分指获得实际能力的潜能，具体技术学习或能力的发展都可能需要相关的天分，但二者并不对等。天分通常用于个人选择职业或教育方向，对职

---

① Treasury Board of Canada Secretariat. *A Context for Understanding, Interpreting, and Using the Competency Profile for the Federal Public Service Evaluation Community*. http://www.tbs-sct.gc.ca/cee/stud-etud/context-eng.asp, 2012/05/02.

业生涯决策具有重要意义。天分包含的因素可分为八个部分，具体有：语言天分、数学天分、空间天分、体力天分、物理天分、艺术天分、商业天分、技术天分。

2. 能力

能力对于职业生涯成功至关重要。该类别中的许多能力是人们相当熟悉的。对于履行大型任务或职责而言，这些能力是至关重要的。该类别包括 10 种能力，具体包含的因素有：思维能力（战略性思考、创新意识、问题分析、联系识别、应用个人认知能力和付诸行动），沟通能力（沟通口才、倾听他人、书面沟通、信息发布、官方语言的沟通），人际关系能力（尊重他人、分享信息、团队融入、关系建立、影响力、成功解决方案的商讨、外事问题的处理、冲突解决），自我管理能力（自信心、恒心、个人学习计划管理、灵活性、自我激励），组织能力（工作安排、预期风险承担、资源组织、工作完成、风险应对、项目评估），客户服务能力（客户服务、产品服务提供、客户跟踪、客户关系建立、合作关系建立、产品或服务生产、质量担保），技术/操作能力（技术/专业知识、计算机专业知识、工具和设备使用、数据/信息处理、办公室工作），商业能力（商业信息处理、系统处理、商业决策决定、收入形成、商业头脑运用），人力资源管理能力（管理团队、管理变革、鼓励参与、工作分配、团队激发、团队建设、人才发展、监管、工作信息反馈、多样性文化认同、团队成员关怀），领导能力（愿景目标制定、未来计划制定、成功促进、领导改革、健康的工作环境形成、鼓励和组织技术运用）。

3. 知识

知识是指一个人已经学到的并且能应用到相应环境中的信息，例如事实、数字、事件、技术和程序等。知识与组织中的每项工作都有关。过去以往，培训、资质、教育和经验也总是被用于知识的衡量。但它们并不是知识本身，只是衡量知识的手段。该类别包含有五种代表不同知识的能力，具体包含的因素有：通用知识、专业知识、工作相关知识、级别相关知识、组织知识。

4. 体能

体能包括与运动相关的力量或协调性，与感官相关的视力，与心理相关的耐性和活力等能力。通常，需要考虑体能的职业包括消防员或警察。还有许多需要少量体能的工作要求具备该类别中的某些能力，如办公室工作可能需要高度的手工灵活性便于信息录入，或需要忍受长时间坐姿。体力包含的因素有：身体条件（力量、协调性、平衡感、灵敏型、柔韧性、精确度、身高、反应时间、耐力），感官（视觉、听觉、触觉、嗅觉和味觉），体能（持久力、抗压能力、活力、健康、敏感性和注意力）。

5. 风格

总体胜任素质中的能力类别与有效领导者的基本素质有关。这包括制定愿景目标、鼓励他人或制定战略计划。这些素质有助于驱使组织向着既定方向发展，并实现领导者应达到的目标。但是，风格是指如何实现这些目标。该类别认为实现目标有多种途径。风格作为一种胜任素质，其本质是规定一些可供人根据情况选择的行为方式。该类别包括可能适用于组织内全体员工的横向联系行为，以及同一层次提升决定因素的纵向联系行为。根据与公务员胜任素质的紧密程度，选择领导风格和下属风格两种类型对风格予以简要说明。其中，领导风格有直接型领导、授权型领导、参与型领导、咨询型领导和磋商型领导。下属风格有接受意见型下级、独立型下级、合作型下级、提供信息型下级、互动型下级。

6. 人格

人格能够以相对连续的方式反映出个人品质的差异。人格对于我们理解工作表现具有重大的帮助。该胜任素质中的能力经常与其他胜任素质中的能力相互影响，决定这些胜任素质如何甚至能否体现。例如，一个人的自信心可能影响他自己的知识表现、口头表达、极限体能超越等。该能力类别包括五种人格，具体包含的因素有：社会取向、情感取向、关系取向、目标取向、经验取向。

7. 原则、价值观、信仰、态度

该胜任素质包括一系列能力，这些能力是个人开展工作的基础，并可深刻影响个人在工作环境中的选择或决定。原则、价值观、信念、态度包含的因素有：处理事务的职业活动、审美相关的职业活动、与人交往的职业活动、劝说类的职业活动、行政事务类的职业活动。总体胜任素质对该类别做了如下定义：

原则——被普遍承认的或作为行为基础的基本原理。

价值观——在工作中践行并能够满足我们生活需要与特定活动或目标的重要行为标准或者效用。价值观影响人们对已有方式和目标的选择。

信念——对现实的看法，帮助个人了解环境，建立因果联系。信念是将某些观点作为事实去接受。

态度——对事物、局面、人群、意见、个人或机构做出积极或消极反应的倾向。态度的类别包括同意、否定，以及道德评判。

8. 兴趣

兴趣是人们对某一特定活动、工作环境或职业的偏好。对特定活动或工作环境的偏好可能会经常变化。有些人更喜欢与人打交道的职业，有些可能喜欢处理事物或信息的职业。当人们感兴趣同时能力能够胜任的环境中工作时，将会感到很满足。因此，个人兴趣和职业（或工作环境）的匹配可以对工作能力和行为产生显著的影响。

（二）管理者胜任素质

管理者胜任素质是针对部门的管理人才及领导者开发的一套胜任素质的科学模型。① 部门领导者只有掌握管理者胜任素质各维度的内容后，才能胜任目前担任的领导职务。管理者胜任素质包括客户服务、沟通、人际关系、分析思维、领导力、目标实现、问题解决、学习支持、组织知识等。

1. 客户服务

对客户（职员、职员代表、管理者、人力资源专家以及部门财政官员）需求进行预测并做出回应，确保团队在政策和法律法规允许的范围内

---

① Treasury Board of Canada Secretariat. *Competency profile for supervisors*. http://www.tbs-sct.gc.ca/gui/cmgs-eng.asp#client_service_orientation，2012/05/02.

以合理的方式向客户提供满意的服务。为客户提供多种选择，使服务能适应多变的外部需求。告知客户什么可以做，什么不可以做。从顾问那里获得信息反馈，对已提供服务进行确认。在交流、磋商乃至发生争论时，尊重客户和员工的意见。对客户对服务的满意程度进行测评。

2. 沟通

能够有效进行口头或书面交流，确保信息得到充分领会。将复杂的技术信息转化为便于使用的日常用语。发出清晰的指令，对决策加以有效解释。召开团队会议时，鼓励成员表达他们的意见、看法和顾虑。鼓励并推动内、外部工作的互动。

3. 人际关系

体会和尊重他人处境，建立和维系和睦的职业合作关系。灵活处理与他人的关系，出现分歧或利益冲突时，能从专业角度处理敏感问题。以为人可靠、言行一致、讲求信誉等品质取得别人信任。在处理客户以及团队成员问题时注意差异性和多样性。与他人合作时充分注重细节，给予他人或团队充分的尊重。

4. 分析思维

能够分析复杂事件或情况，并估计可能发生的结果及其影响。运用系统论的方法对问题和情况加以分析。消化、解释、概括信息，并找到适用的解决方法。研究信息资源，确认关键因素，并有所取舍地进行选择，在制定预算时考虑潜在成本。在估计困难的基础上做出行之有效的决定，以确保目标的达成。

5. 领导力

创造良好的工作环境，建立充满尊重的和谐的工作氛围。为团队成员制定明确目标，促进和鼓励团队成员，指导团队集中力量积极实现目标和组织愿景。与团队成员协商，解决可能引发对抗和冲突的事件。重视团队成员个人的努力和贡献，不断提升团队成员的能力和水平，促进与其他部门的良好关系。

6. 目标实现

按照计划方案，在规定的时间内取得预期成果。明确要求和关键活动，以最优方式利用资源实现既定目标。确定工作内容和程序，提高效率，节约开支，满足客户要求。根据优先级的顺序对目标和活动做出修改，监督工作程序和质量，及时汇报可能引发重大影响的关键问题，确保决策实施。制定计划的过程中充分考虑道德和伦理标准。

7. 问题解决

根据相关政策、法规、组织方针，运用磋商和解决问题的技巧制定决策，以有效解决产生的问题。充分考虑社会环境因素，研究所有可能发生的情况并提出相应的问题解决方案，合理预测并报告可能变化的情况，并以恰当的方式使利益相关者参与到决策制定中。

8. 支持学习

通过提高培训水平和专业学习创造一个学习型环境。与员工一起讨论，明确他们的需要、利益和目标。开展工作表现评价，以此考察培训效果，确定发展需要。熟悉学习的方法和技巧，例如通过指导、教授和经验分享等方式鼓励员工为自身学习和发展负责。鼓励员工把接受文化教育作为提升能力的重要途径之一。

9. 组织知识

了解自己在公共服务中应履行的职能。了解组织愿景、制度和决策。了解在完成组织目标时应扮演的职能角色。了解承担政策和系统发展的关键部门的职能。了解立法程序及其对公众服务的影响。创造协作机会建立专业职能网络。

四、日本公务员能力素质

日本对公务员能力素质的提升非常重视，制定了《职业能力开发促进法》，用来对相关事项做出了总体规定。此外，日本《国家公务员法》对公务员标准工作的具体能力素质要求进行了说明。

（一）《职业能力开发促进法》

日本《职业能力开发促进法》分为八章。第 1 章为总则，第 2—6 章分别规定职业能力开发计划、职业能力开发的促进、职业培训法人、技能

检定以及职业能力开发协会的相关事项，第 7 章为法令细则，第 8 章为惩罚条例。

1. 法令制定目的

《职业能力开发促进法》旨在与《雇佣对策法》[①] 相结合，提出充实职业培训和职业能力检定内容的措施。这两项法规为劳动者自身接受职业教育培训和职业技能检定创造了条件，旨在开发和提高劳动者的职业必备能力，在稳定劳动者职业、提高劳动者地位的同时，促进经济和社会的发展。该法律中的“职业能力”指职业要求劳动者必须具备的能力；“职业能力检定”指职业要求劳动者必须具备的技能和相关知识检定。[②]

2. 职业能力开发促进的基本理念

劳动者在职业生涯期间充分发挥所获得的能力，是保证职业稳定和提高地位的必要条件。同时，鉴于劳动者是经济和社会发展的基础，通过本法促进劳动者职业能力的开发及提高，可使劳动者更好地适应产业结构变化、科技进步和其他经济环境变化造成的业务内容的变化。为了使劳动者面临职业改变时能顺利再就业，职业生涯计规划应具有阶段性和系统性。

促进劳动者主动开发和提高进行职业能力，必须以上述基本理念为基础。根据职业生涯规划，积极组织劳动者参加必要的职业培训并提供与职业相关的教育培训机会，使劳动者积累必要的实际经验，并正确评价劳动者通过以上经历所学的职业技能和相关知识。

3. 职业能力检定

职业能力检定是通过完善与职业能力评价相关的客观、公正标准以及充实考试和其他评价方法实现的。同时，必须恰当地对通过职业培训、职业相关教育培训和实际业务经验所掌握的职业必备技能和有关知识进行

---

① 雇用対策法. http：//www. houko. com/00/01/S41/132. HTM，2012/04/06.

② 職業能力開発促進. http：//www. houko. com/00/01/S44/064M0. HTM，2012/04/06.

评价。

管理者在对劳动者进行必要职业培训的同时，应保证劳动者自身获得职业相关培训和接受职业能力检定的机会，并提供必要的帮助。此外，管理者还应为劳动者的职业生涯规划开发和自身职业能力的提高提供良好环境，努力促进劳动者相关职业能力的开发和提高。

4. 职业能力开发基本计划

职业能力开发基本计划是由厚生劳动大臣为职业能力开发（即职业训练、职业能力检定及其他本法规定中的职业能力开发和提高）而制定的基本计划。职业能力基本开发计划的规定如下：

（1）与技术型劳动力等劳动力供需趋势有关的事项；

（2）与职业能力开发实施目标有关的事项；

（3）与职业能力开发相应基本措施有关的事项。

职业能力开发基本计划的制定应建立在对经济动向、劳动市场的变化等的长期观察基础之上，同时也要考虑不同行业、不同工种、不同规模组织和年龄差别等对技术型劳动力的需求，以及劳动者的劳动条件和劳动效率等。厚生劳动大臣在必要的情况下，有权在制定职业能力基本开发计划时，为振兴特定工种开展相关职业培训并采取必要措施。

5. 职业能力开发综合院校

职业能力开发综合院校是由厚生劳动省设立的旨在开发和提高职业能力，以及开展相关综合调查和研究的大学。其目标是促进公共职业培训和其他职业培训的顺利实施，开发和提高其他职业能力，为公共职业培训和职业认定培训提供必要的技能培训和相关知识培训。另外，为提高职业培训辅导员的能力提供培训，在保证职业培训的同时使准则培训也能顺利实施。

职业能力开发综合院校除开展前项规定的业务外，还可根据职业能力开发促进法规定或按照厚生劳动省规定开展其他与职业能力开发和提高相关的活动。此外，根据《职业能力开发促进法》规定，国家设立职业能力开发综合院校；其他非职业能力开发综合院校的校名中不得使用职业能力开发综合院校等字样。

（二）日本国家公务员标准职位执行能力

根据公务类型，日本将公务员分为“特别职”和“一般职”两种职务类型。“特别职”是指由民选或议会表决而任命的重要国家官员；除“特别职”以外的公务员都属于“一般职”公务员，即事务次官以下的在职公务人员均属“一般职”。依照日本公务员职位职级的顺序，参照日本《国家公务员法（2010年法律第一百二十号）》第三十四条第一项第五号之规定，下文对日本公务员标准工作完成能力分别进行介绍。

1. 事务次官标准工作完成能力

（1）道德水平：作为全体国民的公仆，拥有高尚的道德；在负责任地积极应对跨部门课题或府县重要课题的同时，遵守服务规定、公正履行本职工作。

（2）思维能力：着眼大局、展望未来，推动管辖范围内行政事务的发展。

（3）判断能力：对跨部门课题或府县重要课题，能以丰富的知识、经验和信息为基础，冷静迅速地做出判断。

（4）说明和调整能力：在对管辖范围内行政事务进行说明的同时，能为实现组织目标，对特别重要问题做出高水平的调整，达成一致意见。

（5）业务运营能力：以国民的视角，在府县范围内不断对业务进行调整。

（6）组织领导能力：具有领导部门或机关人员并取得成果的能力。

2. 局长标准工作完成能力

（1）道德水平：作为全体国民的公仆，拥有高尚的道德；在负责任地积极应对局内或府县重要课题的同时，遵守服务规定、公正履行本职工作。

（2）思维能力：能够准确把握所管辖范围内的各种状况，思维周全缜密，具有国民视角，具有全局把握重要课题基本方向的能力。

（3）判断能力：作为全局负责人，在面对重要课题时，能以丰富的知识、经验和信息为基础，冷静迅速地做出判断。

（4）说明和调整能力：在说明所管辖范围内行政事务的同时，为实现组织目标和达成一致意见而做出艰难调整。

（5）业务运营能力：能以国民的视角，率先对业务不断进行调整。

（6）组织领导能力：能够发挥领导能力激发员工的积极性，领导组织取得成果。

3. 部门长标准工作完成能力

（1）道德水平：作为全体国民的公仆，拥有高尚的道德；能负责任和积极地应对局内或府县重要课题，遵守服务规定、公正履行本职工作。

（2）思维能力：能准确把握所管辖范围内的各种状况，思维周全缜密，具有国民视角，能把握领域内重要课题的基本方针。

（3）判断能力：作为领域的负责人，能以丰富知识、经验和信息为基础应对重要课题，冷静并迅速地做出判断。

（4）说明和调整能力：对所管辖行政事务进行实际说明的同时，能配合局长做出调整，以实现组织目标为重，达成一致意见。

（5）业务运营能力：能以国民视角，率先对业务不断进行调整。

（6）组织领导能力：能发挥领导力，领导员工取得成果。

4. 科长标准工作完成能力

（1）道德水平：作为全体国民的公仆，拥有高尚的道德；对科内的重要课题，能在怀着责任感积极应对的同时，遵守服务规律、公正地履行本职工作。

（2）思维能力：准确把握所管辖范围内的各种状况，洞察一切，站在国民的视角，能够表现出应对行政问题的方针。

（3）判断能力：作为科的负责人，能够进行合理的判断。

（4）说明和调整能力：对所管行政事务进行实际说明的同时，为实现组织方针，能够和相关人员进行调整，从而达到意见的统一。

（5）业务运营能力：有成本意识，能高效率地推进业务进行。

（6）组织统帅和人才培养能力：能够在合理分配业务的基础上，有效管理进展并进行合理指示；在取得成果的同时，对部下进行指导和培育。

5. 室长标准工作完成能力

（1）道德水平：作为全体国民的公仆，对所承担的业务课题，在怀着

责任感积极应对的同时，能够遵守服务规律、公正地履行本职工作。

（2）计划和筹划能力：以组织方针为基础，根据行政需求，准确地把握课题进行计划和筹划。

（3）判断能力：作为所承担业务的负责人，能够进行合理的判断。

（4）说明和调整能力：对所承担事物进行合理说明的同时，能够和有关人员进行调整，从而达到意见的统一。

（5）业务运营能力：有成本意识，能高效率地推进业务进行。

（6）组织统帅和人才培养能力：合理分配业务的基础上，能够管理进展并进行合理指示，在取得成果的同时，对部下进行指导和培育。

6. 科长助理标准工作完成能力

（1）道德水平：作为全体国民的公仆，拥有高尚的道德；处在所担任业务的第一线、怀着责任感积极应对课题的同时，遵守服务规律、公正地履行本职工作。

（2）计划和筹划、事物事业的实施：以组织和上司的方针为基础，是计划、筹划措施及实施业务的核心。

（3）判断能力：对自己必须处理的事务能够进行合理的判断。

（4）说明和调整能力：对所负责的事物能够进行理论上说明，同时能够和有关人与进行不屈不挠的协调。

（5）完成业务能力：能够协调程序和步骤，高效率的促进业务进展。

（6）对部下的培养和充分使用能力：能够对部下进行指导、培育和充分使用。

7. 主要办事员标准工作完成能力

（1）道德水平：作为全体国民的公仆，能在有责任感地处理业务的同时，遵守服务规律、公正地履行本职工作。

（2）应对课题：研习承担的业务所必备的专业知识和技术，能够准确把握问题点、处理课题。

（3）人际协调能力：能够和上司、部下等构建一种团结协作的关系。

（4）说明能力：能够对所负责事物能够进行易于理解的说明。

（5）完成业务能力：能够有计划地推进业务，对所负责事物进行全面检查，切实完成业务。

8. 业务员标准工作完成能力

（1）道德水平：作为全体国民的公仆，能在有责任感地处理业务的同时，遵守服务规律、公正地履行本职工作。

（2）知识和技术：能够学习业务所必须的知识和技能。

（3）交流能力：能够和上司及同事进行灵活合理的交流。

（4）完成业务能力：能够积极地完成业务。

第二节　高级公务员能力素质

国外公务员往往分为普通公务员和高级公务员两个序列，而高级公务员在政府的决策中起着重要的作用，负责政府政策的制定和决策，需要具备较强的业务能力和素质。本节试图通过介绍美国、英国、加拿大、澳大利亚和新加坡等国家的高级公务员能力素质制度，为我国的公务员制度建设提供有益的借鉴。

一、美国高级公务员能力素质

美国联邦人事管理委员会制定了用于新入职高级行政人员测试的《高级公务员核心资格》（Guide To Senior Executive Service Qualifications），帮助政府部门遴选出优秀领导者，并在其行使管理权时加以评估，检验其是否具备必要的领导资格。《高级公务员核心资格》是在广泛研究了诸多私营企业或公共部门成功经验的基础上，于 1997 年提出的。2006 年经修订后重新颁布。新版《高级公务员核心资格》中包含了美国联邦知识管理局及其他机构中最优秀的组织心理学家、人力资源专家和高级主管的先进思想。《高级公务员核心资格》包括领导变革、团队领导、结果导向、运营管理和建立联盟等。①

---

① U. S. Office of Personal Management. *Guide To Senior Executive Service Qualifications*. http：//www. opm. gov/ses/references/handbook. asp，2012/04/11.

2008年，美国联邦人事管理委员会提出了两种高级行政人员的选拔办法，分别是成绩记录法（Accomplishment Record）和简历基础法（Resume-based Methods）。这两种办法构成了高级行政人员选拔的基础。其中，成绩记录法与传统的高级行政人员选拔方法不同，应聘者无须符合《高级公务员核心资格》的所有五条基本规定，而只需具备其中的28项行政能力即可。简历基础法相对简单，应聘者填写标准简历表格证明自己满足《高级公务员核心资格》要求即可。为确保上述规定符合当前实际，《高级公务员核心资格》在增加新方法和实例报道的基础上又一次再版，借此希望为高级行政人员应聘者评估和展示自身行政能力水平提供更多帮助，为官方选拔做好准备。除帮助新入职的高级行政人员外，《高级公务员核心资格》指导手册对负责资格评选的工作人员，包括机构负责人、行政部门专家、行政人力资源委员会成员等，也是有帮助的。

根据美国联邦人事管理委员会和法律规定，独立资格审查委员会需对新入职的高级行政人员的行政能力进行评估。《高级公务员核心资格》中规定了高级行政人员所必需的领导能力。它还引入了“高级行政人员组织文化”（SES corporate culture）这一理念。该理念认为政府需要能提供战略性领导的行政人员，这些人尽管致力于公共政策，但管理水平应超越了其所从事的专项组织任务或个人职务。此外，行政人员应具备“团队”意识，秉承政府部门共同的基本理念：致力于美国民主建设，为政府部门行政管理方法不断改革创新。

此外，美国联邦人事管理委员会也会依据《高级公务员核心资格》对非高级行政人员专业行政经验和能力进行评估。《高级公务员核心资格》通过评估一个人是否具有丰富的行政能力，来决定其能否胜任各种高级行政人员职位——而不是评估其是否是某职位的出色候选人（这由人事部门评定）。

1. 领导变革

领导变革是指建立并实施体现组织使命、核心价值观、战略的组织愿景。准确预测和把握环境变化的情况并据此作出相应的调整。能够根据具体情况不断地调整方向，创新改进方法，不断努力改善服务质量和绩效水平，创造一个鼓励创造性思维、协作和透明的工作环境。

2. 团队领导

团队领导是指明晰并实施能最大限度地挖掘下属潜能的战略，制定符合组织使命、愿景和战略目标的高道德标准，确保组织横向、纵向的协同。同时，培养具有高度包容性的工作环境和制定平等的就业政策，鼓励全员的参与，激发下属的工作潜能，并促进协同、合作的团队精神。同时，能够确保下属的绩效计划与组织使命、战略目标保持一致，并将绩效结果向下属予以反馈，使下属对有关的绩效等级和行为负责。此外，还需能够有效地招聘、保留和培养所需人才，使组织拥有一支来自不同民族，具有完成组织绩效目标所需技能的高素质、多元化的公务员队伍。

3. 结果导向

结果导向是指有能力做出决定，通过运用技术知识、分析问题、评估风险等手段高质量地开展政府工作。

4. 运营管理

运营管理是指站在组织战略的高度上，有效管理人力、财政、信息等资源。

5. 建立联盟

建立联盟是指以令人信服的方式来说明主张、事实和意见，并根据具体情况征求和考虑内部与外部利益相关者或客户的意见，最大限度地鼓励利益相关者参与，促进来自不同群体的意见能够开放地交流，以获得内部和外部的支持。

下面列出的能力是在对政府和私营部门管理人员进行充分调研后得出的。这些能力由部门高级行政人员和人力资源管理者编写，共有 28 项(见表 3—13 和表 3—14)。其中有 22 项是具体的核心能力；其余 6 项是基本能力，是 22 项核心能力的基础。高级行政人员可通过积累相关经验或接受相关培训来提升自己的行政能力，从而有助于履行自身的职责。

表 3—13　基础能力列表①

名　称	内　容
人际交往能力	能够友善、灵活地尊重他人，充分考虑来自不同环境不同人的需要和感情。
语言表达能力	语言表达清晰有理有据，仔细倾听；根据需要阐述信息。
诚信	为人诚实公平，有道德观念。言行举止有原则性。遵守高尚道德标准。
文字表达能力	文字表达清晰简洁，逻辑严谨，对读者具有说服力。
不断学习能力	正确评价和认识自身长处和缺点；努力自我发展。
服务公众意识	乐于服务公众。保证行为符合公众要求。结合公众利益开展组织活动及实践。

表 3—14　核心能力列表②

名　称	组成因素	内　容
领导变革	创造和革新	提出新见解，敢于怀疑常规做法，提出新主张和革新办法，设计并实施新的或尖端的程序和方法。
	外部认知	持续了解对组织及相关利益人产生影响的地方、国家、国际政策法规变化及趋势，了解组织对外部环境会产生的影响。
	灵活性	接受变化以及新信息，面对新信息变化或能在不确定的环境中迅速做出调整。
	承压能力	正确处理压力，即便在逆境中也能保持乐观向上，能从挫折中迅速恢复。
	战略性思维	制定目标确定优先级，实施与组织在全球范围内长期目标一致的计划。利用机遇规避风险。
	价值观	具有长远眼光，与他人建立共同价值观；成为组织改革的推动力。能够感染他人，并将价值观付诸行动。

---

① U. S. Office of Personal Management. *Guide To Senior Executive Service Qualifications*. http：//www. opm. gov/ses/references/handbook. asp，2012/04/11.

② U. S. Office of Personal Management. *Guide To Senior Executive Service Qualifications*. http：//www. opm. gov/ses/references/handbook. asp，2012/04/11.

续表

名 称	组成因素	内 容
团队领导	冲突管理	鼓励不同见解存在，正确对待评估并采取措施避免不利冲突，凭借有效的方法解决冲突或不同意见。
	平衡差异	建立一个兼容并包的工作环境，尊重、平衡个人差异，以实现组织目标或任务。
	开发他人能力	通过提供持续的信息回馈和提供正式或非正式的学习机会，开发他人潜力为组织尽职尽力。
	团队建设	鼓励培养团队责任感、信心、自豪感和诚信度。依靠积极向上的团队成员通力合作实现组织目标。
结果导向	承担责任	约束自己和其他人的行为，承担责任，创造高质量、守时的、节约的成果。设立目标，确定优先级，并合理分配工作。勇于承担责任和面对错误。遵守规定的管理系统和规章。
	客户服务	预测并满足内部客户和外部客户的需求。提供高质量产品或服务；不断提升品质。
	果断	做出切合实际的、有效及时的决定，即便是在时间有限或决策效果不如人意的情况下，也能及时预测决策造成的影响。
	企业家才能	发现新机遇引导组织去取得更大成功。通过发展和提高产品及服务质量来促进组织的发展。完成组织目标时需要考虑预算风险。
	解决问题	辨别和分析问题；推测信息的重要性和准确性；选择准确的方案；提出建议。
	技术可靠	理解并能正确运用与特定专业相关的原则、程序、规章规定。
商业头脑	财务管理	了解组织的财政程序。制定、调整、管理项目预算。监督采购、签约等以实现规定目标。监督消费，根据经济理论设置优先级。

续表

名　称	组成因素	内　容
商业头脑	人力资源管理	根据组织目标、预算费用、员工需要管理人力资源。保证员工被正确地雇佣、选择、评价和给予报酬。采取措施解决工作问题。管理复杂部门和处理多种工作环境中的劳动力问题。
	技术管理	继续开展技术革新。高效利用技术实现目标。确保技术系统的准入性和安全性。
建立良好关系	伙伴关系	发展关系网络建立伙伴关系，跨领域合作，紧密联系从而能够实现共同目标。
	政治敏感	确定能够影响组织工作的内部和外部政治因素，领悟组织和政治事务之间的关系并采取相应的措施。
	影响力和磋商	使他人信服；通过互相协商建立共识；在获取信息实现目标方面赢得他人信任与合作。

二、英国高级公务员能力素质

英国公务员管理部门将公务员工作主要划分为三个专业类别：组织服务序列、执行序列和政策序列。① 组织服务序列公务员的能力素质包括承担组织工作，具有财政、人力资源、采购等方面专业技能以及丰富的沟通技巧。执行序列公务员需承担部门中的主要工作：即直接向公众成员以及在客户服务部门工作的人员提供服务，设计服务内容和管理运营。政策序列公务员主要包括负责制定高质量政策的公务员，负责政策落实的公务员，以及在经济、科学、社会调研等领域具有特殊才能、能够帮助制定政策的公务员。

政府职业技能计划由英国国家政府学院（National School of Government）开发，旨在促进英国高级公务员素质发展和提高的重要长期

① UK. The Civil Service. *Professional Skills for Government*. http://www.civilservice.gov.uk/about/improving/psg, 2012/04/20.

项目。无论在何处工作或从事何种职业，只有具备适当能力和技术才能提供高效的服务。政府职业技能计划就是旨在促成这一目的的新计划，该计划能够评估从事目前工作所需的技能，并为自身职业生涯发展勾画一个清晰框架。政府职业技能计划要求高级公务员具备以下四方面的技术和能力，包括领导力、与工作相关的核心能力、专业技能和丰富经验等。政府职业技能计划为提升专业领域能力设置的项目包括人事管理、财政管理、程序和项目管理以及分析和使用数据。此外，高级公务员还需提高战略思想、沟通和营销能力（见图3—1）。

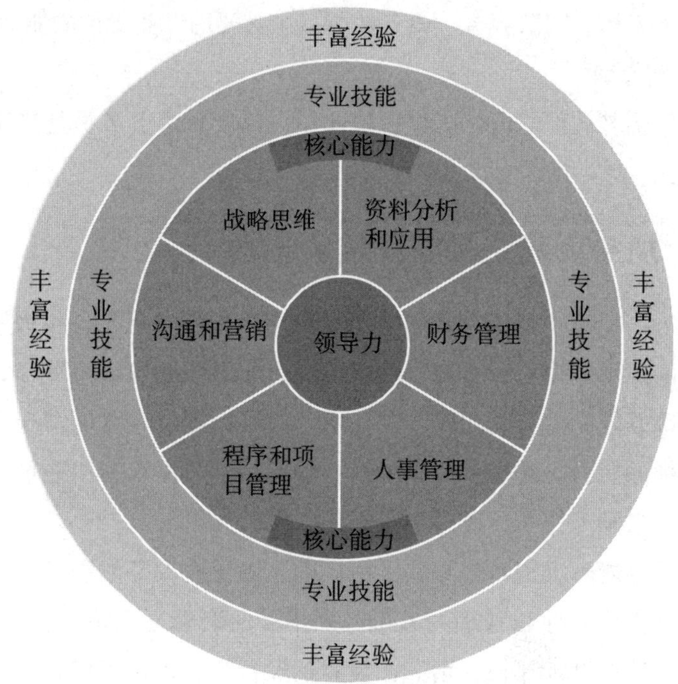

图3—1　英国高级公务员能力模型①

1. 领导能力

该计划增加了领导能力部分，更加关注公务员的领导能力的发挥。该

① UK. The Civil Service. *Professional Skills for Government*. http：//www.civilservice.gov.uk/about/improving/psg，2012/04/20.

项能力主要包括四项内容：给组织提供方向；确保目标的达成；帮助组织培养应对当前及未来挑战的能力；为人正直。

2. 核心能力

核心能力包括人事管理、财务管理、程序和项目管理、资料的分析和应用。另外，如果达到或申请高级公务员标准，则应具有战略思维、沟通和营销能力。

3. 专业技能

这部分和公务员从事或申请工作的种类有关，包括为团队领导、政策制定、管理工作、团队服务、事务执行提供必要的专业支持的能力。

4. 丰富经验

丰富经验可从部门内外工作积累获得，以便熟悉公务员处理事务的不同工作方式。

三、加拿大高级公务员能力素质

2005 年，加拿大政府出台了关键领导能力框架，规定了各级别管理人员应具备的技术、能力、素质，以迎接当前及未来挑战。2008 年，行政管理人员关键领导能力级别列表出台，用于评定在没有监督的情况下工作人员有效领导的能力。它重点讨论了执行能力、学习需求、职业规划等相关能力要求，鼓励工作人员通过学习提高自身素质。①

关键领导能力级别列表具体包括：确立领导应具备的正确价值观和道德观念，并作为领导和管理的基础；列出了所有管理人员，包括指导者、管理者、总监、助理部长、副部长等的正确行为，以及工作人员没有监督和管控的情况下应表现的正确行为；规定了不正确行为；使管理者、组织及机构在进行工作环境分析、制定人力资源计划时重视定性数据的意义；管理者可以运用该列表实行人才管理、人员编制、设置或评估工作目标。所有工作人员可以将该列表与其目前工作要求相对应，进行自我评估，并

---

① Treasury Board of Canada Secretariat. *Key leadership competencies.* http：//www.tbs-sct.gc. ca/tbs-sct/index-eng. asp，2012/04/20.

对未来职业成长加以规划。关键领导能力级别列表是评价公务员行政能力的强制措施。该列表同时也是人才管理、领导发展计划、公共服务委员会服务评估以及业绩管理计划的主要组成部分。

根据列表的具体内容可以构建包含四方面的关键领导能力级别列表模型，具体包括价值观和道德、战略思维、感召力和管理才能。

1. 价值观和道德

公共服务部门领导者应服务于加拿大公众，确保个人和组织行为正直廉洁，尊重公众，遵守公共服务准则，包括民主观念、职业道德以及公众价值观。部门领导者应努力建立尊重以英语和法语为工作语言的良好氛围，确保决策和行为的公正性和透明度；保证自身、工作人员以及组织对各自的行为承担责任。

2. 战略思维

对事件及发展趋势的分析是公共服务领导者提出建议和制定计划的基础。公共服务领导者应能审慎观察复杂多变的环境，预测新危机和新机遇，并能针对利益相关人或相关部门的需求提出切实可行的建议和战略，对公共服务部门的战略指导做出反应，并对组织定位有清晰的认识。

3. 感召力

在制定目标、执行计划、递交工作成果的过程中使工作人员和合作伙伴体会到公共服务部门领导的感召力。领导与关键人员间建立的联系是工作顺利开展的重要基础。领导通过清晰持续的沟通动员团队，激发和鼓舞整个团队的工作动力。引导他们运用交流技巧，灵活推动团队的共同关注和合作，从而取得成功。他们遵循准则，感召利益相关人、合作伙伴和支持者，使其致力于共同的战略和目标。

4. 管理才能

公共服务部门领导通过最大限度地发挥组织功能，取得工作成果。他们确保下属人员能够获得必要的支持和辅助，确保工作团队能够在包容个体差异的情况下，共同协力实现目前或长期的组织目标。他们从发展战略的角度对人员、工作和系统进行组织，同时协调工作的内容和形式。他们实施全面严谨的人力资源制度和财务问责制，并与管理问责框架规定保持

一致。他们确保信息和知识的完整性与可管理性，并按照各自级别承担相应责任，以此作为政策制定和程序执行的关键因素。

为提高高级公务员的能力素质、进一步规范高级公务员的行为，关键领导能力级别列表对上述模型涉及的四方面分别规定了正确的行为表现。限于篇幅，以下仅选取价值观和道德维度加以说明（见表3—15）。

表3—15　高级公务员价值观和道德正确行为列表①

高级公务员级别	价值观和道德正确行为
副部长	包括秉承诚信的职业操守，个人行为遵守道德和价值观标准以及相关法律； 引领部门遵循统一的价值观和道德标准； 制定透明的、公正的决策； 以身作则恪守公众服务、公众利益之上的承诺； 提出大胆的建议，凭借勇气和信念予以执行； 认同竞争观念，以官方语言和工作平等为基础创造英语和法语的、多元的组织文化氛围； 创造以尊重他人和遵守公共服务准则的文化氛围。
助理副部长	个人行为遵守道德和价值观标准以及相关法律； 引领分支部门遵循统一的价值观和道德标准及相关法律； 兑现自身以及分支部门对公众及客户的承诺； 提出大胆的建议，凭借勇气和信念予以执行； 将整个部门的价值观念引入机构的政策和程序制定的过程中； 以官方语言和工作平等为基础创造英语和法语的、多元的机构办公氛围； 建立并促成一个安全、健康、充满尊重的机构，杜绝骚扰和歧视； 营造透明和公正性的工作环境。
局长	个人行为遵守道德和价值观标准以及相关法律； 引领部室行为遵循统一的价值观、道德标准及相关法律； 将分支机构的价值观念引入部室的政策和程序制定过程中； 兑现自身以及部室对公众及客户的承诺； 建立并促成一个安全、健康、充满尊重的部室，杜绝骚扰和歧视； 营造透明和公正，以官方语言和工作平等为基础，营造一个双语的、多元的部室氛围。

① Treasury Board of Canada Secretariat. *Key leadership competencies*. http：//www.tbs-sct.gc.ca/tbs-sct/index-eng. asp，2012/04/20.

续表

高级公务员级别	价值观和道德正确行为
主任	个人行为遵守道德和价值观标准以及相关法律； 引领科室遵循统一的价值观、道德标准及相关法律； 兑现自身以及科室对公众及客户的承诺； 促成一种透明、信任、尊重的内部分工与合作关系； 实施公平的人力资源计划； 凭借英语法语同为官方语言和平等工作的机会，有利于创造并鼓励营造一个双语的、多元的部室氛围； 建立并促成一个安全、健康、充满尊重的科室文化，杜绝骚扰和歧视； 在执行一切事务过程中坚持公正和透明，包括人员配备、签订合同、日常事务等工作事务。
监督者	个人遵守道德和价值观标准以及相关法律； 引领工作组遵循统一的价值观、道德标准及相关法律； 兑现自身以及工作组对公众及客户的承诺； 形成一种透明、信任、尊重的内部分工与合作关系的工作氛围； 实施公平的人力资源计划； 以官方语言和工作平等为基础，鼓励多元化； 建立并促成一个安全、健康、充满尊重的单位； 警惕并迅速处理歧视和骚扰； 在执行一切事务过程中坚持公正和透明。
工作人员	个人行为及工作行为符合《加拿大公共服务价值及伦理法》中规定的价值观和道德标准； 在必要的时候，与监督者或同事开展关于价值观的讨论，通过适当的方法检讨或披露错误做法； 向客户提供服务时能够体现其专业水平； 对良好的工作环境做出积极贡献，创造一个安全、健康、充满尊重的工作环境； 支持并鼓励英语和法语及多元化的工作氛围，包括掌握必要的语言能力以更好地服务加拿大公众； 坚持公正和透明。

高级公务员能力素质中的不正确行为适用于全部行政级别。限于篇幅，以下仅选择价值观和道德方面的不正确行为加以描述。

价值观和道德方面不正确行为包括试图掩盖错误，不讲求事实，责难他人或归咎于旧体制，对差异观念和信仰不够尊重，虐待他人，滥用职权，纵容不正当行为，以言语讽刺、攻击、刺激或冒犯他人，心存偏见和

歧视，将个人和组织利益置于加拿大政府目标之上，以个人情感影响道德标准等一系列行为。

四、澳大利亚高级公务员能力素质

为应对新时代所面临的挑战，澳大利亚公共服务委员会（Australian Public Service Commission）组织制定和实施了澳大利亚高级行政领导能力框架。该框架主要包括五个方面，分别是具有战略思维（shapes strategic thinking）、取得成果（achieves results）、建立积极的工作关系（cultivates productive working relationships）、个人努力和自我完善（exemplifies personal drive and integrity），以及高效沟通（communicates withinfluence）。每个方面都包括具体能力素质要求，从而为改善高级公务员的行政能力提供支持（见图 3—2）。

取得成果
达成组织绩效；
集中各种专业人才能力；
掌控并应对情况变化，处理不确定因素；
确保按照预期效果完成和交付任务。

建立积极的工作关系
发展内外部关系；
促进合作和伙伴关系；
尊重个人差异和不同；
指导、培训、提升工作人员能力。

具有战略性思维
激发目的感和方向感；
重视战略思想；
利用信息和机遇；
表现出相应的判断能力和智力水平；
处事通情达理。

高效沟通
沟通清晰；
倾听、理解，并采纳听众意见；
磋商才能。

个人努力和自我完善
具备公共服务的职业热情和正直性；
具有承担风险的勇气；
具有承压能力；
在个人发展过程中能够自我反省自我约束。

图 3—2　澳大利亚高级行政领导能力框架①

① Australian Public Service Commission. *Senior Executive Leadership Capability Framework*. http: //www.apsc.gov.au/publications-and-media/current-publications/senior-executive-leadership-capability-framework, 2012/04/20.

（一）战略思维

战略思维包括激发目标和方向感、重视战略思想、掌握信息和机遇、表现出相应判断能力和智力水平、处事通情达理等。

1. 激发目标感和方向感

个人勇于奉献，规划、拥护组织愿景和目标，并使其与政府规定相一致。将广义战略思想调整为能够被普遍理解的语言。利用整体战略思想描述活动的整体计划和事情的优先级。为下属规定明确的方向，并尽力促使组织中各级别人员达成共识。

2. 重视战略思想

就可能发生的后果向政府提出建议，为完成组织任务确立长期愿景和目标。具备实现目标的长远眼光，以“政府整体”（whole government）框架为基础开展活动，并对事情发展做充分考虑。确保工作有助于落实政府工作重点，预测可能发生的情况，并进一步考虑如何与目前情况平衡，以便从容应对。

3. 掌握信息和机遇

寻求机遇获得知识。对新信息和不同观点持开放态度，特别关注澳大利亚和全球范围内公共部门或私人部门的优秀实践，并考虑将其用于组织工作中。此外，还应具有商业头脑，能细致研究组织运行市场环境中出现的机遇和面临的压力，并密切关注重大技术变革及其影响，以更高效率提高服务质量。

4. 具备相应的判断能力和智力水平，处事通情达理

能够掌控复杂事物，区分易被忽视的问题，从不同角度对问题仔细加以考虑，进行理智客观的分析。在运用智力和经验做出最终判断前应审慎评估信息。敢于怀疑传统的假设和做法，不“想当然”。能提出独创想法和创新方法。

（二）取得成果

取得成果包括加强组织管理和响应能力、发挥各种专业人才的力量、

掌控并应对情况变化、处理不确定因素、确保按照预期效果要求完成和交付任务。

1. 加强组织管理和响应能力

根据需要的紧迫性，在不断变化的环境中灵活开辟资源，获得相应的渠道。放眼组织资源以外，考察何种资源组合能达到最优效果。不受现有组织结构或程序的限制。灵活应对利益相关者的各种需求，在规定范围内对环境和发展变化做出灵活反应。充分利用信息技术的优势。采取措施保证组织工作的持续性。

2. 发挥各种专业人才的力量

正确评价各种专业人才的能力，重点是建立能整合和充分利用专业知识与技能的环境。确保能从他人身上学习相应的专业知识。

3. 掌控和应对变化，处理不确定因素

提倡主动应对不确定环境中的变化。确立高级别目标，并将其转化为具体实施步骤。设立长期或短期计划，并规定计划完成的期限。

4. 确保按照预期效果要求完成和交付任务

对活动进行规划，确保想法能得以实现，最终达到预期效果。在系统内适时建立问责制度。

（三）建立积极的工作关系

建立积极的工作关系包括发展内外部关系、促进达成合作和伙伴关系、尊重个体差异、指导培训以提升工作人员能力。

1. 发展内外部关系

与组织内部各负责人以及组织外部的关键人员建立良好关系。积极主动地建立工作网络，在相互尊重的基础上发展共同利益关系。乐于为客户服务。

2. 促进达成合作和伙伴关系

努力建立合作型工作环境，重视合作及团队协作。培养与其他部门或机构的“内部联系”（interconnectedness）意识，确保达成统一观点或意见。个人通过塑造“通力合作者”的行为形象，发展强大的人际关系网，包括乐于请教和倾听他人建议。

3. 尊重个人差异

尊重不同个体间的差异，了解不同想法和方式间的利益差异。理清不同技术环境和级别下的专业人才，了解他人并通过适当方式对其行为加以回应。

4. 指导、培训、提升工作人员能力

鼓励不断向他人学习。对工作表现优秀者及时给予肯定。通过设立具有挑战性的目标，积极鼓励工作人员“贡献全部力量”，在其需要帮助克服困难时给予鼓励和支持。通过鼓励工作人员在本部门中担任积极角色，帮助其克服薄弱领域，创造一种为员工提供此类机会的部门氛围。明确解决问题的最佳时机，采取措施应对工作中的困难。

（四）个人努力和自我完善

个人努力和自我完善包括具有公共服务的职业热情和正直品质，敢于承担风险、具有勇气，工作勤勉，具有承压能力、自我反省和自我发展意识。

1. 具有公共服务的职业热情和正直品质

坚持并推广《澳洲公务员行为准则》① 中规定的澳大利亚公务员道德和伦理标准。为澳大利亚政府部门服务时不计个人得失。以组织决议为基础来实施政策和程序，确保组织决定高于个人意见。

2. 敢于承担风险，具有勇气

为人正直，讲求“实事求是”而非迎合别人喜好。思想独立，敢于怀疑，敢于挑战困难问题。勇于承认错误，并从错误中吸取经验。能通过他人寻求帮助并获得有价值的建议。

3. 工作勤勉

具有坚定的决心、较高的积极性和主动性。勇于承担个人责任，努力实现组织目标。处理事件积极主动，能尽最大努力解决问题，不拖延耽

---

① Australian Public Service Commission. *Australian Public Servicevalues*. http：//www. apsc. gov. au/aps-employment-policy-and-advice/aps-values-and-code-of-conduct/aps-values，2012/04/20.

搁。乐于主动投入到工作中。

4. 具有承压能力

在困难环境中依然能集中精力完成任务。能从挫折中迅速恢复，并保持工作热情。必要时乐于付出更多努力。

5. 具有自我反省和自我发展意识

具有强烈的持续学习意识。通过各种渠道积极寻求信息反馈。勇于承担自我发展和自我管理的责任，不断提高工作业绩。寻求机会提高个人能力，重视个人的持续发展。

（五）高效沟通

高效沟通包括清晰沟通、倾听、理解并采纳听众意见以及磋商才能。

1. 清晰沟通

用便于他人理解的口头或书面表达方式进行清晰简明的交流。保证信息得到清楚传达，了解其是否被正确理解，保证他人及时全面地掌握交流内容。

2. 倾听、理解并采纳听众意见

积极听取他人意见，正确交换观点和信息。与他人核对，保证其观点被准确理解。运用适当的对话方式满足听众需要。创造机会听取有价值的话语。

3. 磋商才能

树立可信赖形象，凭借良好口才与人沟通。能够提供事先经过充分考虑、具有说服力、有助于实现组织既定目标的资料和数据。允许直率地表达反对意见，平等看待不同观点，寻找共同点以促使各方达成一致。能够采取对各方有利的办法或折中办法达成磋商目的，实现既定目标。

五、新加坡高级公务员能力素质

新加坡技能发展局（Singapore Workforce Development Agency）之所以

制定《领导及人员管理工作能力标准》是基于2006年的一项管理调查研究。① 该研究表明：虽然新加坡一直被视为世界上最具有经济竞争力的国家之一，但其领导水平和人员管理方法仍处于落后水平。设计《领导及人员管理工作能力标准》框架的目的是明确组织领导能力，为新加坡领导和管理者的发展提供指导。该框架包含的能力用于各领域的领导能力评价，其经过不断发展和严格验证，已被确定为商业领导者应具备的核心基础能力。《领导及管理工作能力标准》框架包括6个领域、4个职业级别的27种能力（见图3—3）。

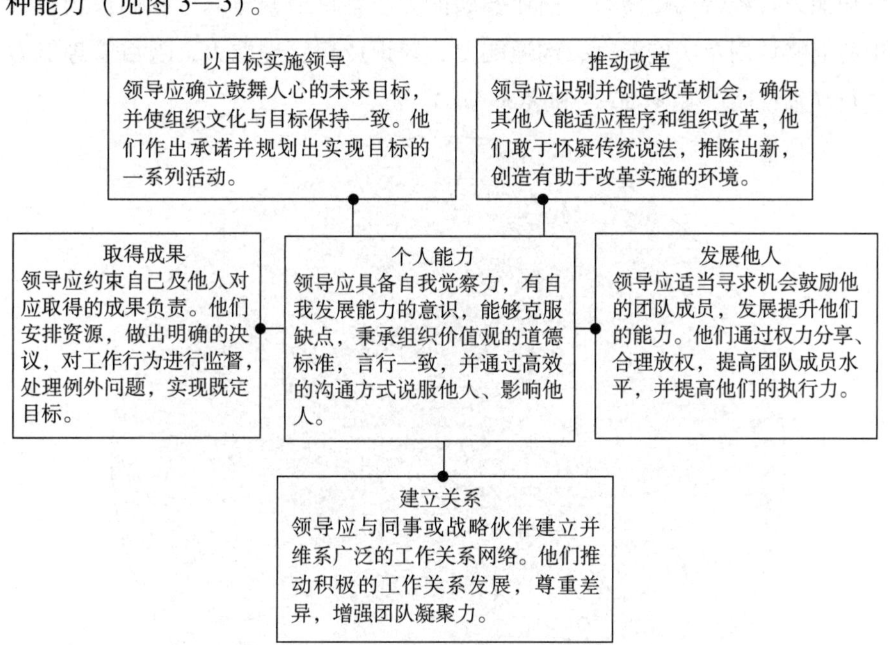

图3—3　领导及管理工作能力标准图②

此外，为了使新加坡领导者和管理者具备必要的商业管理能力，发挥

① Singapore Workforce Development Agency. *Leadership and People Management Workforce Skill Qualifications.* http：//www. wda. gov. sg/content/wdawebsite/L207-AboutWSQ/L301-WSQIndustryFramework-LeadershipandPeopleManagement. html，2012/04/25.

② Singapore Workforce Development Agency. *Leadership and People Management Workforce Skill Qualifications.* http：//www. wda. gov. sg/content/wdawebsite/L207-AboutWSQ/L301-WSQIndustryFramework-LeadershipandPeopleManagement. html，2012/04/25.

组织才能，新加坡政府还制定了《商业管理工作能力标准》框架。《商业管理工作能力标准》框架的制定得到了各行各业的支持，该标准致力于发展具备多种技能的“T”型人才——即拥有较深专业知识，同时也具有其他相关领域的商业运作知识。①《商业管理工作能力标准》框架包括9个基本领域、4种职业类别的200项商业管理工作能力。《商业管理工作能力标准》框架中的9个基本领域，分别是战略计划及实施、沟通能力、领导及人员管理能力、知识产权管理能力、项目管理能力、组织发展能力、财务管理能力、经营战略能力、商业发展能力。鉴于篇幅考虑，我们仅选择其中的战略计划及实施能力、沟通能力、知识产权管理能力、项目管理能力进行详细说明（见图3—4和表3—16）。

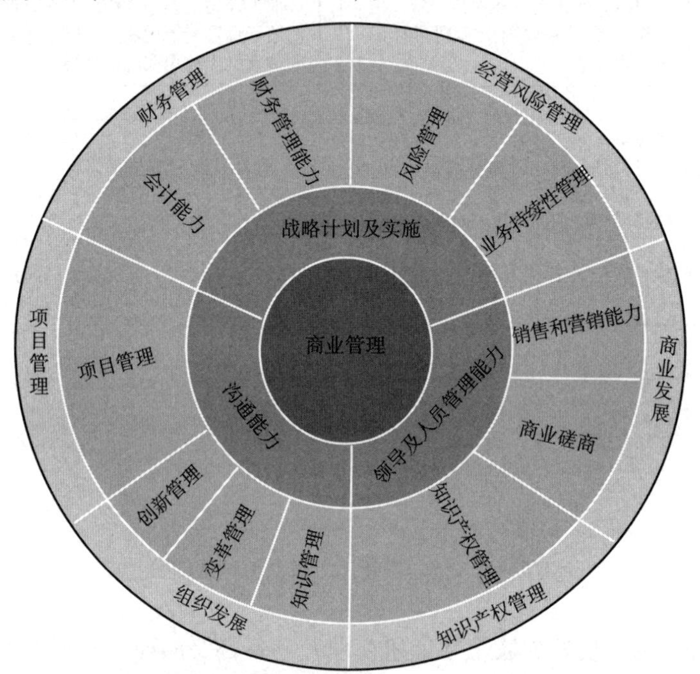

图3—4　商业管理工作能力标准图②

① Singapore Workforce Development Agency. *Businessmanagement WSQ*. http://www.wda.gov.sg/content/dam/wda/pdf/L307C/LPM_ BM_ Low%20Res.pdf, 2012/04/25.

② Singapore Workforce Development Agency. *Businessmanagement WSQ*. http://www.wda.gov.sg/content/dam/wda/pdf/L307C/LPM_ BM_ Low%20Res.pdf, 2012/04/25.

表 3—16 商业管理工作能力标准①

名 称	级 别	能力要求
战略计划及实施能力	6	指明组织战略并设立目标； 制定并推动组织愿景、任务和价值观； 对组织分析进行指导与评价； 利用商业机遇。
	5	发展组织战略及政策； 传达组织愿景、任务和价值观； 建立并评估系统以实现组织目标； 为实现商业功能建立可操作的计划； 为组织开展功能性分析； 评估组织工作水平； 评估商业环境； 制定商业计划； 制定商业战略目标实现商业功能。
	4	为管理决策制定提供信息； 对系统和程序进行回顾； 研究分析商业机会； 编写商业计划； 实施商业计划； 管理资源计划； 管理外部服务提供者。
	3	支持战略计划及行动计划； 撰写会议备忘录； 评价、计划自己的工作表现和行为； 具有批判性思维和分析能力； 协助商业计划开展。
沟通能力	6	建立与利益相关人的关系； 关注组织利益。

① Singapore Workforce Development Agency. *Businessmanagement WSQ*. http://www.wda.gov.sg/content/dam/wda/pdf/L307C/LPM_ BM_ Low%20Res.pdf, 2012/04/25.

续表

名 称	级 别	能力要求
沟通能力	5	程序制定时与调查员建立良好关系； 与战略性商业伙伴建立关系； 建立公共关系战略； 建立内部交流的平台和渠道； 解决利益相关人之间的冲突； 指导高级管理者。
	4	通过管理程序和活动来强化利益相关人之间的关系； 组织会议； 举行会谈； 表述观点并且讨论意见。
	3	识别并建立内外部利益相关人之间的关系； 参与相关程序或活动，强化利益相关人之间的关系； 传递信息； 撰写报告； 协调商业会议。
知识产权管理能力	6	制定知识产权管理战略目标。
	5	建立知识产权管理政策和手段； 评估知识产权商业前景。
	4	管理并维护知识产权管理程序； 评估知识产权的商业意义。
	3	参与并支持知识产权管理程序； 识别知识产权并对其归类； 支持知识产权认证。
项目管理能力	6	掌控程序。
	5	实施项目整合； 保证项目可行性； 确定项目范围； 审查并批准项目计划并付诸实施； 指导相互或程序的事后回顾。

续表

名　称	级　别	能力要求
项目管理能力	4	开展项目可行性研究； 管理项目范围； 管理项目团队； 管理项目利益相关人的关系； 管理项目资源； 管理项目程序； 管理项目费用； 管理项目时间； 管理项目质量； 管理项目风险； 管理项目专业知识及交流； 开展项目事后回顾。
	3	运用项目范围管理技术； 运用项目费用管理技术； 运用项目时间管理技术； 运用项目质量调控程序； 运用项目风险管理技术； 起草项目程序和目标； 实施项目管理程序。

第三节　专业技术人员能力素质

一、美国专业技术人员能力素质

在分析美国专业技术人员的能力素质时，我们选取美国人力资源管理从业人员的胜任素质作为研究对象，美国人力资源管理从业人员胜任素质由美国人事管理委员会的人力资源和发展中心（Personal Resources and Development Center）所开发，下文期望通过剖析美国人力资源管理从业人员的能力素质来了解美国专业技术人员能力素质的结构和内容。

与其他管理者一样，人力资源管理者在组织中也扮演一定的角色，而所有人力资源管理角色集合起来就构成了人力资源管理部门的角色。人力

资源管理者在组织中扮演的角色包括：业务合作伙伴、领导者、员工代言人、技术专家和变革推动者。每种角色对人力资源从业者的能力要求也不尽相同，需具备特定条件，并表现出一定的行为方式（见表3—17）。

表3—17　人力资源管理者的五种角色①

角　色	能　力	工作要求	行为表现
业务合作伙伴	组织意识； 问题解决能力； 客户服务能力； 抗压能力； 沟通口才。	了解公共服务环境； 了解机构任务； 了解组织发展原则； 理解客户的组织文化； 了解商业系统思想； 了解商业程序和如何改革或提高效率； 创新和鼓励承担风险。	与客户互动，关注客户需求，听取客户问题，取得客户信任； 整合人力资源政策及程序与组织任务及服务成果之间关系； 应用组织发展原则； 使人力资源服务适应客户的组织文化； 设计并执行包括商业系统应用在内的人力资源服务计划； 运用人力资源计划原则改革商业程序，提升效率。
领导者	决策能力； 计划和评估能力； 冲突解决能力； 自我管理能力； 自我评价能力； 沟通口才。	分析能力； 战略和创造性思维； 了解团队和队伍角色； 了解商业系统及信息技术。	处事果断； 管理资源，例如人力、资金、设备； 在组织环境中解决发生的冲突； 利用共识和磋商建立联盟，全面提升沟通能力。
员工代言人	灵活性； 培训； 学习能力； 人际交往能力； 沟通口才。	发展员工和组织之间的关系； 理解、尊重差异，促成多元化； 平衡员工和机构之间的要求与资源分配。	开发他人才能，最大限度地发挥潜力； 指导他人发挥才能； 分析并平衡各种冲突； 建立信任关系网。

① Office of Personal Management. *Competency Model for HR Professionals*. http：//www. opm. gov/studies/transapp. pdf，2012/04/27.

续表

角　色	能　力	工作要求	行为表现
技术专家	技术能力； 了解法律、政府规章、法理学； 人力资源管理； 信息管理； 计算数学推理； 客户服务； 写、读、记； 注重细节； 沟通口才。	了解人力资源法律法规； 了解工作生活和组织计划； 了解信息技术。	在人力资源领域内充分运用专业技能，支持机构的任务和商业需要； 通过调查或其他方式提供信息，帮助建立高效的工作环境； 将信息技术应用到人力资源管理工作中。
改革推动者	团队合作； 推理能力； 影响力； 正直诚实； 创造性思维； 沟通口才； 承受压力能力。	了解组织发展原则； 了解营销常识； 了解人力资源产品或服务； 理解团队行为。	评价改革的准备情况，制定适用的改革战略； 设计并实施改革程序； 运用组织发展原则； 运用创新战略，在不同的人力资源事务中支持并推行决策； 利用共识和磋商取得一致意见影响他人去实施改革战略； 履行并推广正直的道德行为； 团队工作； 沟通。

二、英国专业技术人员能力素质

在分析英国专业技术人员的能力素质时，我们选取英国知识和信息管理人员的胜任素质作为研究对象，英国国家档案局提供了英国知识和信息管理人员的胜任素质框架，下文通过剖析英国知识和信息管理人员的胜任素质来了解英国专业技术人员能力素质的结构和内容。

设计英国知识与信息管理专业技能框架的目的是供从事知识与信息管理相关职业的人使用。政府知识与信息管理专业技能框架主要用于职业发

展、招聘选拔、履职管理和确定培训需要。职业发展框架可供从事知识与信息管理相关职位的人用于能力评价和职业发展；招聘选拔框架可帮助高级管理人员判断部门知识与信息管理功能的不足，并帮助确定用人标准；履职管理框架可帮助高级管理者制定履职标准并设定能力级别；确定培训需要框架可用于帮助确定学习和发展需求，尤其是在需要进一步发展达到更高级别时。

根据级别不同，英国从事知识与信息管理人员可分为战略家、领导者、管理者和执行者四个等级。不同级别人员的职责范围各不相同，这样设计的目的是为了发挥出各级别人员的能力（见表3—18）。

表3—18　知识与信息管理人员的能力素质①

级　别	描　述
战略家	在组织结构中执行较高级别的权力，一般负责新政策的贯彻实施，或向相应级别的组织委员会汇报工作进展情况。他们的工作包含多项知识与信息管理工作内容，或者在特殊情况下他们将担任多项知识与信息管理角色要求承担的额外责任，例如通信或IT技术。他们将为组织设置全部的知识与信息管理战略。
领导者	领导一个团队，主要角色大致上处于知识与信息管理中的核心地位，根据相关单位的规模而定，例如作为部门记录员或图书馆馆长。他们属于广义上的知识与信息管理团队，要尽力为知识与信息管理战略和管理而服务。作为服务部门的领导者，他们承担确保其部门与广义的知识与信息管理战略保持一致的责任和义务。
管理者	他们应具有本领域重要的专业技术，负责管理小团队，交付知识与信息管理服务项目，或进行知识与信息管理生活环境调查，能对服务战略中的复杂事务及管理活动做出权威性决定。
执行者	负责递交知识与信息管理任务成果的日常业务操作。

战略家、领导者、管理者和执行者四个行政级别都要求具有英国政府知识和信息管理专业技术技能框架规定的技能，例如知识和信息管理战略

① The National Archives. *Government Knowledge and Information Management Professional Skills Framework.* http：//www. nationalarchives. gov. uk/documents/information-management/gkim-skills-framework. pdf，2012/03/21.

计划、应用和开发知识信息、管理组织信息和信息支配（见表3—19）。

表3—19 知识和信息管理专业技术技能框架①

名　称	技能要求	
知识和信息管理战略计划（侧重业务）	组织计划	了解政府的、组织的以及更广泛的知识信息环境
		知识和信息管理战略计划
		组织内外合作
	具备知识和信息管理的能力	具备知识和信息管理的能力
	知识和信息管理能力的战略性发展	知识和信息管理能力的职业性发展
		拓宽知识和信息管理能力
	知识和信息管理资源的选择与获得	知识和信息管理资源的选择与获得
应用和开发知识信息（侧重用户）	知识共享与合作	支持知识共享氛围的营造与推广
		促进知识获取
		促进知识传播和组织学习
	信息再利用和信息共享	信息再利用和信息共享
		通过互联网新传媒出版
		提供电子信息资源
	信息分析	决策支持决策分析
		查询信息恢复
		分析并开展研究
	将知识和信息管理能力运用到业务操作中	理解信息的要求和属性
		教育和培训

① The National Archives. *Government Knowledge and Information Management Professional Skills Framework*. http://www.nationalarchives.gov.uk/documents/information-management/gkim-skills-framework.pdf，2012/03/21.

续表

名 称	技能要求	
管理组织信息（侧重处理）	信息构建和信息控制	搜集存储管理
		对信息组织、分类
	创造并维护信息和纪录	内容创造及维护
		业务连接性
		周期管理
信息支配（侧重合法）	信息风险管理	信息所有权及责任
		信息风险分析及预防
	遵守信息法律法规及行业标准	确保遵守法律制度
		信息权利
	行业道德	行业道德

由于战略家、领导者、管理者和执行者处于不同行政级别，知识和信息管理的组织计划根据行政级别的不同对各能力分别制定了不同标准，现选择知识和信息管理专业技能框架下的“了解政府、组织以及广泛的信息和知识环境”来说明英国各级别专业技术人员的能力要求（见表3—20）。

表3—20 “了解政府、组织以及广泛的信息和知识环境”的能力要求①

能力名称	执行者	管理者	领导者	战略家
了解政府、组织以及广泛的信息和知识环境	• 了解知识和信息是在什么样的环境中产生、管理和使用的； • 了解重要组织或部室在所	在执行者的基础上增加： • 无论是在商业领域还是在信息环境中，保证团队输入的信息充分考	• 判断政府新政策与KIM②的联系，相应向高级管理者提出自己的建议； • 判断并考虑KIM活动对广	在领导者的基础上增加： • 能够证明KIM能够很好地支持可靠政策的制定，更加具有实用性，能够革新

① The National Archives. *Government Knowledge and Information Management Professional Skills Framework*. http：//www. nationalarchives. gov. uk/documents/information-management/gkim-skills-framework. pdf，2012/03/20.

② KIM即Management of Knowledge and Information（知识和信息管理）简称。

续表

能力名称	执行者	管理者	领导者	战略家
了解政府、组织以及广泛的信息和知识环境	处部门内以至整个政府内的优先级； • 充分利用专业的非正式的网络持续了解情况。	虑了即将发生的变化，并在KIM计划中做出反应； • 理解部门内政策的优先级，以及能对它们起驱动作用的因素； • 监视市场上的新兴知识和信息管理产品、方法、技术，并向高级管理者提供日常简报。	泛的组织或政府计划的影响； • 评估新兴知识和信息产品、服务、技术最优的实践方法和技术与组织的关联性以及其潜在价值； • 理解新知识和信息技术的含义，并在适当和适用的前提下协同性地向前推进； • 与政府或企业内的IT人员建立联系。	工作和交付任务的方法； • 理解政府和组织如何需要在中长期之内发展，了解这些变革（部室、政策等）的推动因素，了解KIM政策、程序、服务必须如何发展和调整才能适应变化的商业环境和法律； • 探索并评价组织运作所处环境的一系列未来事态，估计潜在政策、文化意义； • 与外部利益相关人，尤其是IT从业人士共同合作，积极参与产品研发，并确保充分考虑KIM原则； • 与领域专家就市场趋势及发展开展商讨，丰富并支持政府部门的长期战略计划。

三、澳大利亚专业技术人员能力素质

在分析澳大利亚专业技术人员的能力素质时，我们选取澳大利亚工程师的胜任素质作为研究对象，澳大利亚工程师胜任素质由澳大利亚工程师委员会（Council of Engineers Australian）审议通过，下文期望通过剖析澳大利亚工程师胜任素质来了解澳大利亚专业技术人员能力素质的结构和内容。

澳大利亚工程师的胜任素质包括知识和能力等。本部分仅从能力的角度来阐述澳大利亚工程师胜任素质的组成和特点。在介绍澳大利亚工程师工作能力时，我们对正规教育知识、智力培训和实践能力进行了区分。我们选择使用“应用能力”（Enabling Competencies）和“实践能力”（Practice Competencies）两词来表述。应用能力表现为将对知识的认知和批判性理解用于典型问题或环境的能力，以及不断通过正式或非正式学习过程扩展知识的智力水平。实践能力是在实际工作环境中运用理论能力所获得的能力，包括处理不确定因素、解决实践和费用问题、处理复杂问题和个人与组织关系、与客户和职业人的互动、协调目标及任务冲突、解决风险评估和管理等问题。澳大利亚工程师胜任素质标准中，用“才能”（capability）一词特指某人所具备的执行某项工作任务的知识和能力，用“胜任素质”（competency）一词形容某个人能在实践中充分履行职责。澳大利亚工程师胜任素质标准可以分为能力阶段 1 和能力阶段 2 两个部分。

能力阶段 1 是指获得并完成了认证的资质教育，或获得了澳大利亚工程师协会的行业准入注册。能力阶段 1 首要关注理论能力。若要获得工程师资格还需具备一定的实践能力，达到相关要求，并拥有工程专业人员应具备的发展潜力。能力阶段 1 的专业技术人员需具备实际工作或实习工作的能力。在实际工作中，他们将在有限范围和复杂环境内开展初级工作，并需要有经验的人员的指导，以提高实践能力和获得实践经验。

能力阶段 2 指同时具有理论能力和相应的工程领域实践能力。能力阶段 2 的专业技术人员具有丰富的实践经验，能在一般指导下胜任大部分业务环境中的工作。对于特别复杂、苛刻和创新的工作，该阶段的专业技术人员则需相应指导，且进一步丰富经验后才能胜任。

应该明确的是，能力阶段 2 涵盖了能力阶段 1 中的知识基础和理论能力。未达到能力阶段 1 的要求不可能满足阶段 2 的能力要求。

（一）能力阶段 1 标准

能力阶段 1 是指具备入职资格和开展实践的必要条件。处于能力阶段

1 的专业技术人员应满足以下条件：全面了解与职业相关的工程专业知识；具备将知识用于典型问题和环境的能力，承担部门见习者应承担的责任，具备专业人员应有的品质和能力，以及不断通过正式或非正式学习过程扩展知识的智力水平。

工程师群体可分为三个职业类别：专业工程师、工程技术人员和工程人员。每个职业类别各有一个能力阶段 1 标准，各标准均包括：知识基础、工程学资质和个人品质。各组成部分也均包括一定数量的要素，且三个职业类别的要素各不相同。每一要素中都有一系列指标，它们具体描述这些要素是如何考核的。工程师应在整体上具备每一种能力要素，但不必满足每项详细指标。这些标准是各部门判定工程师合格与否或教育背景是否符合阶段 1 资格的基础。其中，专业工程师需拥有工程专业四年制学士学位，工程技术人员需拥有（工程）技术专业三年制学士学位，工程人员需拥有两年工程专业高级文凭或工程专业相关学位。对委培课程或工程师课程，教育机构必须出台适当措施，使所有毕业生学习相关标准，具备其规定的能力，并得到澳大利亚政府的承认。

（二）能力阶段 2 标准

该标准针对已具备初级工作能力，能在一般的指导下在该专业领域内自如工作的工程师。持有经过认证的工程师资质，具备 3—5 年的工程经验者视为达到该阶段的能力要求。但是，并非工作环境都提供相同范围的全部相关工作能力，也不是人人都能在短短几年内获得应有的经验。能力测评必须对所需能力和已有成就两方面做出评价。

能力阶段 2 标准包括以下两部分：A 部分——列出了工程师从业者所需的能力，普遍适用于所有三种职业类别；B 部分——列出了能力必须达到的标准，三个不同类别的标准是独立的。

1. A 部分标准

A 部分标准包括 14 个关键领域。其中 3 个关键领域普遍适用于所有工程师，另外 11 个是可选领域。关键领域单元包括 C1 工程师业务；C2 工程计划和设计；C3 工程师工作自我管理。可选领域单元包括 E1A 工程商业

管理；E1B 工程项目管理；E2 工程运行；E3 原料、部件、系统；E4A 环境管理或 E4B 调查报告；E5 调研、开发、商品化；E6 获取并评估材料；E7 改革和技术发展；E8 技术销售和推广；E9 工程培训（见表 3—21）。

表 3—21 A 部分标准核心单元列表①

关键领域与可选领域	组成因素
C1. 工程师业务	C1. 1. 树立并发展职业形象
	C1. 2. 追求持续的专业发展
	C1. 3. 整合利用工程专业和其他专业成果
	C1. 4. 研发工程方案
	C1. 5. 识别工程方案中的潜在阻力
C2. 工程计划和设计	C2. 1. 对设计要求进行解释、划定范围
	C2. 2. 提出想法建议，就最新技术寻求建议
	C2. 3. 执行计划及设计程序
	C2. 4. 检验设计使其被接受
	C2. 5. 程序设计过程中准备并保留相关文件
	C2. 6. 使设计生效
C3. 工程师工作自我管理	C3. 1. 自我管理
	C3. 2. 与他人高效合作
	C3. 3. 推动并利用改革创新
	C3. 4. 对工作优先级及资源进行计划和管理
	C3. 5. 以客户为中心，维系与客户、利益相关人、供应商、监督者之间的关系
	C3. 6. 管理信息

① Council of Engineers Australian. *The Australian Engineering Competency Standards.* http：//www. engineersaustralia. org. au/sites/default/files/shado/Membership/Stage% 201% 20Assessment/Aus_ Engineering_ Competency_ Standards. pdf，2012/04/03.

续表

关键领域与可选领域	组成因素
E1A. 工程商业管理	E1A. 1. 致力于工程商业战略
	E1A. 2. 发展客户关系
	E1A. 3. 管理并应用商业范围内的工程计划
	E1A. 4. 管理资源
	E1A. 5. 人事管理
	E1A. 6. 管理供应商
	E1A. 7. 管理商业信息
	E1A. 8. 监管工程商业进展情况
E1B. 工程项目管理	E1B. 1. 实施项目整合
	E1B. 2. 规定项目范围
	E1B. 3. 人事管理
	E1B. 4. 管理项目中人力资源
	E1B. 5. 管理质量、安全、环境、风险
	E1B. 6. 管理成本及采购
	E1B. 7. 管理时间和进展情况
	E1B. 8. 撰写报告
E2. 工程运行	E2. 1. 计划运行及系统
	E2. 2. 管理运行、系统中的程序
	E2. 3. 管理运行、系统中的资产
	E2. 4. 人事管理
	E2. 5. 评价并制定工程运行/系统
	E2. 6. 管理环境绩效
E3. 原料、部件、系统	E3. 1. 符合工程是相关要求
	E3. 2. 材料、部件、系统的设计和研发

续表

关键领域与可选领域	组成因素
E3. 原料、部件、系统	E3. 3. 确定项目/操作中所使用的材料/成分/系统的准备程序
	E3. 5. 管理材料/成分/系统的回收、再利用、处理
E4A. 环境管理	E4A. 1. 确定当前的环境情况
	E4A. 2. 满足利益相关人的期望
	E4A. 3. 根据利益相关人的期望检测当前的环境情况
	E4A. 4. 制定战略并对其定级，以实现可持续发展
	E4A. 5. 实施、监督、评价战略
E4B. 调研及报告	E4B. 1. 回应/判断问题
	E4B. 2. 计划调研
	E4B. 3. 开展调研
	E4B. 4. 得出结论提出建议
E5. 研究、开发及商品化	E5. 1. 找到机会更新或升级方法或产品
	E5. 2. 确定调研开发所需要的资源
	E5. 3. 开始产品概念设计
	E5. 4. 恪守作为调研开发人员的承诺
	E5. 5. 保证调研开展
	E5. 6. 就调研成果的商品化开展合作
E6. 获取并评估材料	E6. 1. 确定材料的需求和来源
	E6. 2. 评估材料
	E6. 3. 获得材料及其来源
	E6. 4. 准备项目/运行所需的材料、部件、系统
E7. 改革和技术研发	E7. 1. 参与引进技术改革的计划
	E7. 2. 制定具有创造性和灵活性的技术方法或方案
	E7. 3. 应对新兴技术的挑战和机遇

续表

关键领域与可选领域	组成因素
E8. 技术销售和推广	E8. 1. 找到销售机会
	E8. 2. 运用产品知识服务客户需求
	E8. 3. 提升产品和系统的技术性能
	E8. 4. 寻求客户的反馈信息

2. B 部分标准

不同职业类别有各自的标准，这些标准反映出上文所提到的不同角色和类型要求，具体概括如下：专业工程师负责最重要的工程项目或方案，提供专业知识应对各种问题，制定决策解决复杂问题和事件，妥善协调技术和非技术问题，以及有效进行风险管理；工程技术人员专门从事工程技术或工程技术相关专业中某一特定分支理论和实践，以及多种环境下进行应用、调整和管理技术项目；工程人员负责在熟悉或不熟悉环境中集中实施某工程项目，或开展工程运行，遵守公认标准和执行规范。

在每一类别中，工作人员必须具备与项目、活动和环境相关的能力阶段 2 的要求，包括该类别列出的全部或部分素质，即知识及理解能力、专业技能、为结果负责、管理能力等。在此，我们将对专业工程师和工程技术人员必须具备的能力要求进行介绍（见表 3—22 和表 3—23）。

表 3—22　专业工程师能力要求①

维　度	能力要求具体内容
知识及理解力	拥有公认的四年制工程专业学士学位或同等教育背景。具有工程专业一项或多项领域深厚的知识。有能力承担技术挑战性问题，能根据基本原理做出可靠的成果预测。有能力确保项目的各个方面完好，以基本理论和基本原则为基础，判别问题的来源和属性，并采取相应措施。知道如何对已有理论以及其他领域的相关理论进行新发展、新运用。

① Council of Engineers Australian. *The Australian Engineering Competency Standards.* http：//www. engineersaustralia. org. au/sites/default/files/shado/Membership/Stage% 201% 20Assessment/Aus_ Engineering_ Competency_ Standards. pdf，2012/04/03.

续表

维　度	能力要求具体内容
专业技能	有能力解决缺乏明确方案的问题，分析问题方法具有独创性。能够解决偶然出现的临时问题或工程专业标准和执行规范以外的问题。研发新的工艺原则和技术应用，包括新材料的应用，已有材料、技术、过程的技术革新及应用，以一种有据负责任的方式进行革新、创造，开创新局面。参与广泛的多样的技术工程或其他事务，以及这些事务中提出有针对性的特殊问题的解决方案。与各种利益相关人一起合作，运用不同资源满足他们不同的需要，包括人力、资金、设备、材料和技术等。整合来自完整的、相容的系统中的功能性元素。掌握训练有素的、系统的办法在关键领域实施设计和综合。有能力将非正统的方法概念化，理解并判断各种方法的风险及优势，运用有据的专业判断选择可用于实践的最佳方案，并对选择进行论证。参与研究或研发团队。
对成果负责	取得相关重要成果，实现技术系统与其运用的环境之间的互动。整合产品或程序使用周期内的社会、环境、经济成果。与其他学科或专业进行有效互动，确保工程成果能够被成功地纳入相关项目或单位。阐述技术对社会、商业、政府的适用性，确保决策能够充分地符合技术因素的要求。与客户或非技术性利益相关人合作，确保他们的目标能够在技术规格说明书中充分地得到考虑。
管理角色	专业工程师可以领导或管理团队，并成为工程或其他相关专业中的高级管理人员。在这些管理角色中，专业工程师应该能够明确所有工程方面的风险，例如识别、评定、管理风险，无论是技术类别的风险或是与客户、使用者、社区环境有关的风险。保证技术经费、风险和相关规定以及预期结果等问题已被充分了解。认识到自己知识的欠缺并寻求建议或开展研究，弥补自己知识和经验的不足。

表 3—23　工程技术人员能力要求①

维　度	能力要求具体内容
知识及理解力	拥有公认的三年制工程技术专业学士学位或同等教育基础其他认可的学历。全面的技术理论、实践基础，积极地致力于工作成果的实现。了解工程技术准则，实现技术和技术系统内其他部分的互动。

① Council of Engineers Australian. *The Australian Engineering Competency Standards.* http：//www. engineersaustralia. org. au/sites/default/files/shado/Membership/Stage% 201% 20Assessment/Aus_ Engineering_ Competency_ Standards. pdf，2012/04/03.

续表

维　度	能力要求具体内容
专业技能	在各种不同的环境中运用技术。调整技术使其适用于各种不同的、新的情况或环境。通晓与技术相关的执行标准和规范，以对技术和实践的充分理解，有能力不断提升自我能力。应用专门技术设计，对设备进行设计安装。在一定范围内管理技术类的或与技术相关重大领域的功能组合及个人，例如生产、软件研发、开采、建造、建筑服务、精度测量、设备操作等领域。掌握工程领域以外的其他与工程工作紧密相关的科学技术知识及能力，并具有先进的应用经验。凭借新观念和独创性对技术应用进行调整创新。创造新的使用方法，并对相关技术标准和规则的制定做出贡献。参与先进技术研究或研发团队，或创造新的相关技术。
对成果负责	检验、鉴定应用技术的设计、测试、安装或工程施工，确定相关技术是否适用于解决具体问题。确认应用技术的设备或装置与执行标准保持一致。能在特定的环境中向其他技术的或非技术的项目利益相关人表述技术的主要意义及其用途。能够识别技术的基本特性及缺陷，判断环境中可能存在的重大问题，采取相应措施。对应用技术的设备或装置相关的技术风险进行分析、评估和管理。认识到自身不足，积极寻求建议弥补自身知识或经验的不足。
管理角色	工程技术人员可以领导团队开展活动。有一些可以进入工程或相关领域的高级管理层，在适当的情况下聘请其他专业工程师及专业人员。

根据上述标准进行评价时，应与能力所处的职业角色和范围联系起来。某职业类别的工程人员同样应具备其他方面的品质，不同求职者可以以不同的方式担任同一角色。

澳大利亚工程师协会经认证的教育资质是阶段 1 的基础。经过认证的教育资质持有者具备了阶段 1 的能力，就不必接受必要的测评和评价。持有未经澳大利亚工程师协会认可的文凭资质的人可申请阶段 1 个人能力测评。阶段 2 的能力测评需单独进行。阶段 2 的能力测评内容包括：

第一，工程师是否取得经过认证的资质，具备了阶段 1 中的能力？这将在具体能力阶段 2 测评准备前进行考察。未持有相关专业认证学历或资质的应聘者，或不具备阶段 1 能力的应聘者，需单独申请能力阶段 1 测评。

在特定情况下，可同时进行阶段 1 和阶段 2 测评。

第二，工程师是否完成了大多数或全部规定活动，具备了 A 部分中各单元的能力（3 个关键领域和 2 个可选领域）?

第三，这些关键领域能否体现出 B 部分中的职业类别相关能力标准?

第四章
考核评价体系

如果员工努力方向或工作行为不能与组织的战略目标保持一致，组织的战略目标最终将无法实现，影响组织的发展。通过适宜的考核评价制度，组织可以将员工的努力与组织的战略目标联系起来，通过员工个人的绩效来提高组织整体的绩效。为了提高我国的公务员、专业技术人员和管理人员的绩效水平，我们选择了美国、加拿大、韩国和日本等国家的考核评价制度进行介绍，希望能够推动我国考核评价制度的进一步完善。

第一节　公务员考核评价

公务员考核评价，是对公务员在实现其既定目标过程中的工作业绩和工作态度所进行的客观、准确的评价。公务员考核评价有利于培养、开发和激励公务员的工作潜力，加强上级领导和下属公务员之间的有效沟通，促使公务员个人目标与政府组织目标的协调一致及绩效目标的顺利实现。20 世纪末，英国、美国等国家逐渐废除了公务员的终身制和资历工资制，注重对公务员个人的绩效评价，并将评价结果作为决定公务员薪酬、培训和职位变动的主要因素。随后，很多国家相继制定了公务员的评价办法和评价机制。本章将主要介绍美国、加拿大、韩国、日本等国家公务员和高级公务员的考核评价制度。

一、美国公务员考核评价

美国公务员考核评价主要依据1993年的《政府绩效与结果法案》①、2010年出台的《政府绩效与结果法案修正案》② 以及《1978公务员改革法》③，这三项法案是美国政府、部门及公务员绩效评价和管理的重要基础与主要参考。本节将对上述三项美国公务员考核评价法案进行详细介绍，包括出台的背景、管理部门、绩效考核计划等内容。

（一）政府绩效与结果法案

1992年克林顿总统上台伊始就提出“再造政府”的口号，其中“绩效预算”（Performance Budgeting）被摆在了突出重要的位置。1993年，美国国会通过了著名的《政府绩效与结果法案》，它全面规定了实施政府及公务员绩效评价的目的、内容及其实施进程，使得美国联邦政府绩效管理有法可依，这是当时世界上唯一专门为政府绩效制定的法律。在这一法律的指导下，各级政府机构编制本部门的预算，制定一系列能够反映部门绩效、便于考评的绩效指标体系。根据其规定，美国政府绩效管理的过程由各部门编制战略规划、年度绩效计划；根据执行情况编制年度项目绩效报告；最终由美国管理及预算办公室和审计总署对各部门提交的年度规划与年度项目绩效报告进行评价这几个环节构成。

1. 政府考核评价主管部门

根据《政府绩效与结果法案》的规定，美国联邦政府考核评价由以下部门负责：

（1）审计总署。审计总署接受国会的委托，代表国会对政府各部门进

---

① Office of Management and Budget. *Government Performance and Results Act*. http：//www. whitehouse. gov/omb/mgmt-gpra/index-gpra，2012/03/10.

② Office of Management and Budget. *Government Performance and Results Act Modernization Act of* 2010. http：//www. gpo. gov/fdsys/pkg/PLAW-111publ352/pdf/PLAW-111publ352. pdf，2012/03/10.

③ Office of Personal Management. *Civil Service Reform Act of* 1978. http：//www. opm. gov/biographyofanideal/PU_ CSreform. htm，2012/03/10.

行年度绩效评价，对部门、计划、项目、专项工作的绩效进行专题评价，还可授权政府部门内设的绩效评价机构对该部门的绩效或计划、项目进行评价。根据2004年美国审计总署人力资源改革法案修正案，自2004年7月7日起，美国审计总署正式更名为政府问责办公室（Government Accountability Office，简称GAO）。更名后的政府问责办公室不仅仅局限于审计工作，而且需要在更大范围内对政府绩效进行评价，并向国会和公众公布评价结果。

（2）管理与预算办公室（Office of Management and Budget，简称OMB）。管理与预算办公室主要协助总统工作，监督各部门提交年度预算和年度绩效报告，并要求各部门将部门预算和绩效报告提交总统，再由总统签署后提交国会，供国会审议、批准。

（3）政府部门。美国各主要政府部门都设立了计划与评价办公室，负责部门的战略计划、年度计划和绩效评价事宜。其主要职责是：提交年度绩效计划和年度绩效报告，作为部门预算和申请拨款的基本文件；收集、整理绩效结果信息，提出制定或修订政策的建议；受国会审计总署的委托，评价本部门的计划项目等。

2. 战略规划

《政府绩效与结果法案》对战略规划的内容要求十分具体，要求部门负责人将五年内的战略规划提交给管理与预算办公室主任和国会，并每三年更新和修订一次。联邦各部门的战略规划主要由以下内容组成：

（1）一个涵盖了机构主要职能和运作方式的全面任务描述。

（2）关于机构主要职能和运作方式的总体目标，包括与产出相关的目标。

（3）一个关于目标如何达成的描述，包括为达到目标所需的运作程序、技能和技术、人才、资本、信息和其他资源的描述。

（4）关于绩效目标如何与战略规划中的目标挂钩的说明。

（5）指出能对总目标实现产生重大影响的部门外部的或无法控制的关键因素。

（6）说明为制定和修改总目标而进行的项目评价与未来项目评价的时

间表。

3. 年度绩效计划

年度绩效计划是《政府绩效与结果法案》的核心组成部分，一般在年初提交给总统和国会。与战略规划相比，年度绩效计划内容更为详尽，主要由管理与预算办公室主任监督实施。其内容主要有：

（1）设定绩效目标并确定完成项目行动所要达到的绩效水平。

（2）将这些目标用客观的、量化的、可衡量的方式来表达，若得到授权可使用其他替代方式表达。

（3）简要说明为达到绩效目标所需的运作程序、技能和技术、人才、资本、信息和其他资源。

（4）制定在衡量或评价各项目的产出、服务水平和成果时所使用的绩效指标。

（5）提出一个可以与所制定的绩效目标进行比较的标准。

（6）说明用于检验和验证衡量绩效价值的手段。

4. 年度绩效报告

《政府绩效与结果法案》要求每一个机构在一个财政年度后向总统和国会提交一份前一财政年度的绩效报告。每一份绩效报告应该陈述已经在该机构绩效计划中确立的绩效指标，报告特定工作项目的完成情况，并将绩效目标的实际完成情况与计划中的绩效目标相比较，还要分析、评价、解释绩效目标未能实现的原因等。具体而言，主要涵盖了以下内容：

（1）陈述绩效计划中确立的绩效指标，同时要将实际达成的绩效目标完成情况与绩效计划中表达的绩效目标相比较。

（2）如果绩效目标是用替代的形式加以说明，则这一计划的结果应依据这种特殊要求加以描述，包括绩效是否满足最低限度要求的，以及有效的或成功的计划标准。

（3）评价财政年度绩效目标的实现程度，根据达标的绩效来评价本财政年度的绩效计划、解释和描述绩效目标未能实现的原因，并根据这种绩效评价，确定本财政年度的绩效计划。

《政府绩效与结果法案》对战略规划、年度绩效计划、年度绩效报告的制定与提交等内容做出了明确规定（见表4—1）。

表4—1　战略规划、年度绩效计划、年度绩效报告的制定与提交规定①

文　件	提交时间	上交机构	主要内容或其他规定
战略规划	1997年9月30日之前	管理与预算办公室、国会	•战略规划应不少于5年，并至少每3年更新与修订一次 •制定战略规划时，各机构应向国会咨询，并应请求和考虑该计划的潜在影响或具有相关利益的团体的意见建议
年度绩效计划	从1999年度开始，应在本机构现行战略规划所包含的年度内提交	管理与预算办公室	•建立绩效目标，并要达到客观、可量化、可衡量的标准 •建立绩效指标，用于衡量和评价计划相关的产出、服务水平和结果 •确定测量方法
年度绩效报告	从2000年3月31日开始，每年的3月31日之前提交上年度的绩效报告	总统和国会	•回顾上一（几）个财政年度的实现绩效目标的完成情况，并以报告的形式呈现：2000年度的报告应包括前一年度的结果，2001年度的报告应包括前两个年度的结果，2002年度及其以后的报告应包括前三个年度的结果 •若没有达到目标的要求，解释和说明原因以及行动建议

5. 各部门权力与职责

《政府绩效与结果法案》明确了法案与国会、审计总署以及人事管理委员会的关系以及它们各自的职责，具体内容如下：

（1）国会（Congress）：该法案授予国会高度的权力，包括可以建立、修正、延迟和废除绩效目标；

（2）审计总署（GAO）：审计总署的负责人需要向国会报告法案的执

① Office of Management and Budget. *Government Performance and Results Act*. http：//www. whitehouse. gov/omb/mgmt-gpra/index-gpra，2012/03/10.

行情况；

（3）人事管理委员会（Office of Personal Management，简称 OPM）：它要求人事管理委员会制定一个战略计划和针对绩效评价的培训项目，并由人事管理总署负责对实施该法的管理人员进行培训，从而有助于管理人员有效地实施战略计划和开展项目绩效评价。

（二）政府绩效与结果法案修正案

2010 年，奥巴马政府出台了《政府绩效与结果法案修正案》，该修正案获得了美国众议院和参议院的通过，其主要目的是通过设立首席绩效官（Chief Performance Officer，简称 CPO）和绩效改进委员会（Performance Council，简称 PC），对政府计划进行季度绩效评估，以促进政府绩效的改进。政府绩效与结果法案修正案内容具体如下。

1. 战略规划

在奥巴马总统任期开始后的每年 2 月的第一个星期一之前，美国政府各部门应将部门战略规划公布在公众网站上并向总统和国会通报。此类规划应包括：有关部门主要职能和运行情况的说明；部门主要职能的总体目标（包括以结果为导向的目标）；按照有利于实现联邦政府优先级目标的原则对所有目标进行介绍；介绍的内容包括完成目标所需的程序、技能、技术、人力资源、资本、信息等资源，部门间合作实现目标的方式以及明确联邦政府的优先级目标；介绍将经国会审议得到的意见和建议与目标相结合的方案；描述战略规划所应提供的绩效目标，包括部门优先级目标以及如何有助于实现战略规划的总体目标；确定对总体目标的实现能产生重大影响的部门外部和超出其控制范围的关键因素；明确用于制定或调整总体目标的计划评估和计划评估时间表。通常战略规划时间跨度应不少于 4 个财年。必要时，在对国会进行适当通报的情况下，部门负责人可对战略规划进行调整来反映部门内外部环境的重大变化。

2. 绩效计划

（1）联邦政府绩效计划。根据《美国法典》（United States Code，简称 USC）的规定，美国管理及预算办公室应配合相关部门开发联邦政府绩效计划。除了提交包括美国政府预算在内的绩效计划外，美国管理及预算办公室应确保相关信息都及时在网站上公布，并至少每年定期更新一次。联邦政府绩效计划应：

第一，建立联邦政府绩效目标，根据《美国法典》规定的联邦政府优先级目标确定计划提交年度和下一年度将实现的绩效水平；

第二，明确组织、计划、规定、税务开支、政策制定和其他有助于当前财年联邦政府绩效目标实现的活动；

第三，对于每个联邦政府绩效目标，明确负责目标实现协调工作的负责人；

第四，建立用于考核和评价联邦政府绩效的季度目标与指标，内容包括每个联邦政府绩效目标的总体进展及每个部门组织、计划、规定、税务开支、政策制定等活动情况；

第五，建立明确定义的季度绩效进展目标。

此外，识别联邦政府面临的重要管理挑战并提供应对挑战的计划，包括相关绩效目标、绩效指标和绩效进展目标。

（2）部门绩效计划。每年 2 月的第一个星期一之前，各部门负责人应将联系方式公布在部门网站上，并提出包括该部门所有计划活动的绩效计划。部门绩效计划应包括以下内容：

第一，制定绩效目标和下一年度将实现的绩效水平；

第二，以客观、可量化和可评价的形式来明确目标；

第三，明确绩效目标如何有助于部门战略计划中总体目标以及联邦政府绩效目标的实现；

第四，从所有绩效目标中明确部门优先级目标；

第五，阐明完成绩效目标的方法和途径；

第六，建立一套平衡的绩效评价指标体系，用来评价和监控每个绩效目标的进展，包括客户服务、效率、输出和结果等指标；

第七，用已经确立的绩效目标来评价绩效计划的实际完成情况；

第八，阐明部门如何确保绩效目标评价的效度和信度，包括明确用于验证和检验绩效评价的途径、数据来源、数据用途所需要的准确度等；

第九，识别部门面临的重要管理挑战，并提出应对挑战的行动方案、绩效目标、绩效指标和负责应对挑战的部门官员。

此外，根据对部门使命和目标的贡献来识别优先级计划活动，包括指定某个计划活动为低优先级。

如果一个部门通过与美国管理及预算办公室商议决定，以一种客观、可量化和可度量的形式来明确特定计划的绩效目标是不可行的，则国家管理及预算办公室可以授权其使用一种可以达到相同效果的替代形式。此外，为了更好地实现绩效计划，各部门可以分解或合并计划活动，除非任何分解或合并可能会导致遗漏或削弱构成部门的主要职能。

（3）部门绩效报告。每个部门的负责人应将部门绩效更新及时公布在部门网站上，并提交给美国管理及预算办公室，更新时间不得迟于每个财政年度结束后 150 天。每次更新都需要将实际达成的绩效与部门绩效计划中的绩效目标进行比较，说明和解释哪些绩效目标还没有实现。同时，还需提供此前 5 个财政年度的绩效结果；评价当年财政年度的绩效计划；描述部门如何确保绩效评价的准确性和可靠性等，并应尽可能增加向政府、国会或战略伙伴提交绩效数据的频次。

每个财政年度，美国管理及预算办公室都应决定部门计划是否符合部门绩效计划中描述的绩效目标，并将不符合项报告提交给部门负责人、参议院本土安全和政府事务委员会、众议院监管和政府改革委员会以及美国审计总署。如果美国管理及预算办公室认定一个部门的计划在一个财政年度内没有达到绩效目标，部门负责人应向美国管理及预算办公室提交一份绩效改进计划，来提高绩效改进计划的效率。同时，该部门需指定一位高级官员监督每个未实现目标的绩效改进进度。

如果美国管理及预算办公室认为部门计划连续两个财政年度未实现绩效目标，部门负责人应向国会提交一份将用来改进绩效的行动计划，包括提议变更法令或计划好的执行方案。如果此方案在与美国管理及预算办公室商议之后被认为是适当的，那么则需提供实现部门目标所需的适当额外拨款。

如果美国管理及预算办公室认定一个部门的计划或活动在三个财政年

度内没有达到绩效目标，管理及预算办公室应在做出决定后60天内向国会提交一份关于绩效改进的建议，包括对绩效改进计划的授权建议以及为了达到绩效目标中的绩效水平而进行的必要的立法改革建议等。

3. 联邦政府和部门优先级目标

（1）联邦政府优先级目标（Federal government priority goals）。美国管理及预算办公室主任应配合各部门开发优先级目标来改进联邦政府绩效和管理。此类联邦政府优先级目标应包括：跨地区的以结果为导向的目标；联邦政府所需的管理改进目标，包括财政管理、人力资本管理、信息技术管理、采购和收购管理以及不动产管理等方面的目标。从本质上来说，联邦政府优先级目标应是一个长期目标，至少应每四年更新或修订一次。美国管理及预算办公室主任有权对联邦政府优先级目标进行调整并通知国会，以反映联邦政府运行期间重大环境变化。当制定或调整联邦政府优先级目标时，美国管理及预算办公室需与国会定期商议，以获得来自以下部门的多数党和少数党的意见，具体部门包括参议院和众议院拨款委员会、参议院和众议院预算委员会、参议院本土安全和政府事务委员会、众议院监管和政府改革委员会、参议院财政委员会、众议院筹款委员会以及任何其他依法规定的委员会。

（2）部门优先级目标（Agency priority goals）。美国管理及预算办公室主任应决定整个政府中的部门优先级目标总数和每个部门应开发的数量，相关部门的负责人则应每两年对部门绩效目标中的部门优先级目标进行确认。部门优先级目标应包括：第一，联邦政府优先级目标包含的部门最高优先级目标以及根据相关要求与国会和其他部门的协商结果；第二，在两年内可完成的远期目标；第三，明确负责实现优先级目标的责任人；第四，如果实际绩效不断提高，需向政府、国会或战略伙伴提供具有重大价值的数据资料和季度绩效进展。

4. 季度性主要进展审查和绩效信息利用

美国管理及预算办公室应在绩效改进委员会的支持保证下至少每个季度对每个联邦政府优先级目标的进展、总体趋势和绩效计划的完成情况进行审查，负责该审查的官员应来自有助于实现每个联邦政府优先级目标的

各部门或组织，以评估相关部门、组织、计划、规章、政策和其他活动是否能发挥每个联邦政府优先级目标预期作用。同时，根据面临的风险为联邦政府优先级目标分类。对于最有可能实现不了的联邦政府优先级目标，应明确绩效改进的前景和战略，包括任何部门、组织、计划、规章、税务支出、政策或其他活动所必需的变革。

与联邦政府相同，部门需使用绩效信息来实现部门优先级目标。在部门绩效改进官的支持下，部门负责人和首席运营官应至少每个季度对最近一个季度实现的进展、总体趋势和达到绩效计划的水平进行审查，并与部门外有助于完成每个部门优先级目标的有关个人合作，以评估相关组织、计划活动、规章、政策和其他活动是否能发挥部门优先级目标预定的作用。

5. 优先级目标和结果的透明度

美国管理及预算办公室应最迟于 2012 年 10 月 1 日确保有效运行一个单独的网站，并至少每个季度对网站进行一次更新，将每个部门确定的计划公布在网站上。每个计划内容应包括计划的解释，计划目的和计划对部门使命与目标贡献的描述，以及对当前财政年度和此前两个财政年度的资金使用的说明等。

（1）部门优先级目标和结果的透明度。部门负责人应将本部门的优先级目标向美国管理及预算办公室报告并公布在网站上。除此之外，网站还应将关于每个部门优先级目标的信息进行合并，具体包括：

第一，部门如何整合国会对部门优先级目标的审议意见和建议；

第二，部门外部和超出其控制范围的能对部门优先级目标实现产生重大影响的关键因素；

第三，如何实现每个部门优先级目标的方案，具体包括：实现优先级目标所需要的战略和资源；明确定义的里程碑事件；清楚描述部门如何与其他部门合作共同实现目标，以及负责实现优先级目标的部门官员；

第四，用于考核或评价进展的绩效指标；

第五，部门如何确保用于度量优先级目标实现进展的数据的准确度和可靠性；

第六，与绩效水平计划相比，最近一个季度的绩效结果和总体趋势；

第七，评估有关组织、计划活动、规章、政策和其他活动是否能发挥预期作用；

第八，根据实现绩效目标的难易程度对部门优先级目标进行识别。

（2）联邦政府绩效目标和结果透明度。与部门优先级目标和结果透明度的要求相同，美国管理及预算办公室应在网站上公布联邦政府优先级目标的简要描述；以及每个联邦政府绩效目标的主管官员等信息。并且网站上所提供的信息应保证公众、国会成员和委员能在因特网上搜索、访问和阅读。美国管理及预算办公室应发布指南来确保所有联邦计划、联邦政府绩效和每个部门的格式保持一致。

6. 部门首席运营官

首席运营官主要由每个部门的副职或相等职位的人员担任。每个首席运营官应负责改善部门的管理和绩效。通过利用战略和绩效计划、绩效评估和绩效信息，来改进部门绩效及部门战略目标。同时，首席运营官还需要向部门负责人提供建议和协助；监督部门的工作，改进部门内和部门间的管理；与能对实现部门使命和目标发挥重要作用的相关人员，例如首席财务官、首席人力资本官、首席并购官、高级采购官、首席信息官和部门其他业务负责人进行协调和合作。

7. 部门首席绩效官和绩效改进委员会

每个部门的负责人应与部门首席运营官协商指定部门内一位高级行政人员担任首席绩效官。首席绩效官应直接对首席运营官负责。根据首席运营官的指令，首席绩效官应向部门负责人和首席运营官提出建议和提供协助，以确保各部门的使命和目标能通过战略和绩效计划、绩效评价等来实现，并利用绩效反馈信息来改进绩效水平。同时，首席运营官应在部门目标的选择方面向部门负责人和首席运营官提出建议，包括与其他部门在共同目标方面进行合作的机会；协助部门负责人和首席运营官监督部门战略计划、绩效计划和报告规定的执行，包括部门对联邦政府优先级目标的贡献；支持部门负责人和首席运营官定期审查部门绩效，包括至少每个季度审查一次部门优先级目标实现进展；协助部门负责人和首席运营官开发与

利用用于本部门人事绩效评价和其他部门人事及规划流程绩效评价的标准等。

绩效改进委员会成员包括由美国管理及预算办公室管理副主任担任的委员会主席、各个部门的首席绩效官，以及由委员会主席决定的其他绩效改进官和由委员会主席酌定的其他个人。

绩效改进委员会应由委员会主席或主席提名人召集，并且召集人应主持绩效改进委员会，决定其议程，建立和指导绩效改进委员会下属小组，处理特定主题事务。此外，召集人还需协助美国管理及预算办公室改进联邦政府绩效和实现联邦政府优先级目标；并在必要时共同解决政府内或部门间的特定问题；推动部门间绩效改进的实践交流；加强与其他内部部门管理委员会的协作；寻求外部部门尤其是下属部门的建议；借鉴公司、非营利性组织、地方政府、事业单位、政府部门客户以及国外绩效改进的经验；提出改进绩效管理政策和规定的建议等。

8. 考核评价技能和能力

本法案制定后 1 年内，美国管理及预算办公室应与绩效改进委员会协商联邦政府公务员所需掌握的目标开发、绩效评价、绩效信息分析和使用等关键技能与能力，以提高政府效率。此外，在本法案制定后 2 年内，美国管理及预算办公室应根据情况将此类关键技能和能力整合进入有关职位分级，并对有关公务员进行相应培训。

9. 法案的执行

美国管理及预算办公室应配合相关部门制定暂行的联邦政府优先级目标，并提交暂行的联邦政府绩效计划和 2013 财政年度美国政府预算。同时，各个部门应不迟于 2012 年 2 月 6 日之前，对其战略计划进行调整；编制和提交符合本法案规定的绩效计划，包括部门优先级目标；并根据本法案要求自 2012 财政年度开始对绩效计划进行更新。

（三）1978 年公务员改革法

《1978 年公务员改革法》是美国国会通过的专门用于管理公务员事务

的法律。[①] 如何对联邦政府公务员进行考核评价在其中有十分详尽的规定。

1. 主管机关

1978 年，美国国会颁布了《1978 年公务员改革法》。该法案规定将公务员管理职能划分给三个主要部门来执行：美国人事管理委员会（OPM）、考绩制度保护委员会（Merit Systems Protection Board，简称 MSPB）和平等就业机会委员会（Equal Employment Opportunity Commission，简称 EEOC）。其中，人事管理委员会主要为各行政部门提供管理指导并颁布相关规定来对联邦政府公务员进行管理。

2. 公务员考核评价体系

《1978 年公务员改革法》规定，每个部门都应该开发一个或多个公务员考核评价体系，用来对公务员绩效进行阶段性考核评价，绩效评价结果将作为公务员培训、晋升、降级和薪酬等决策的依据。公务员考核评价体系主要可以归纳为以下几部分内容：

（1）绩效计划（Performance Planning）。各部门应该在公务员的参与下制定一个基于工作任务和职责的书面绩效计划，并保证绩效计划能够覆盖到本部门的每一个公务员。通常需要在绩效计划制定后 30 天内，向公务员提供绩效计划的内容。每个绩效计划都应该至少需要包括一个关键绩效因素和非关键绩效因素，同时，每个绩效计划可以包含一个或多个附加绩效因素。尽管它们不能用于得到和分配评价等级，但可用来有效地支持绩效目标的顺利实现。绩效因素和评价标准可以按照下列标准来确定：对于关键绩效因素，至少应该用 2 个评价等级，其中一个是“全部达标”（meet required standards）或类似的等级，另外一个是“不合格”，绩效评价标准应该建立在“全部达标”这一等级；对于非关键绩效因素，至少应该用 2 个评价等级，绩效评价标准则应选择一个合适的等级。

（2）绩效监控（Performance Monitoring）。对公务员绩效进行监控的过程中，当公务员的绩效水平处于“全部达标”或类似等级之下、“不合格”

① Office of Personal Management. *Civil Service Reform Act of* 1978. http：//www. opm. gov/biographyofanideal/PU_ CSreform. htm，2012/03/10.

等级之上时，管理者需要对该公务员提供实现其绩效目标所需的帮助。同时，当公务员的绩效水平在一个或多个关键绩效因素上被认定为不合格时，管理者则有义务帮助公务员基于不合格的绩效采取进一步行动，以确保公务员的绩效水平得到改进。

（3）绩效评价（Performance Appraisal）。在对公务员绩效进行评价等级的判定和分配时，只有一个或多个关键绩效因素被评价为“不可接受”（Unacceptable Performance），才可将其列入第一等级（不可接受）；而对非关键绩效因素的考察不能将其作为列入第一等级（不可接受）的标准。“不可接受”的评价结果需要经过上级的审查和批准。除非公务员在60天的申诉期内提出申诉或者是确定是在评价记录中出现的记录或计算错误，否则评价周期过去后或下一绩效评价结果公布后，之前的绩效评价结果不能再进行更改。评价等级需要按照第一等级到第五等级进行顺序分类，第一等级最低，第五等级最高；第一等级是“不可接受”，第三等级是“全部达标”或类似的描述，第五等级是“杰出”（Outstanding）或类似的描述。

（4）绩效反馈（Performance Feedback）。绩效评价周期结束后，绩效评价主体需要尽快将书面（或其他记录方式）的绩效评价结果反馈给每位公务员。根据《1978年公务员改革法》规定，部门有权对绩效不合格的公务员做出降级或者解雇的决定，但这个书面的决定只能基于公务员不合格绩效的事例做出，并且需要得到提出者上级的同意。被降级或者解雇的公务员有权提前30天得到关于该决定的书面通知，内容需要包括该公务员绩效不合格的关键绩效因素及具体事例。同时，公务员有权聘请律师或者其他代理人为自己进行绩效申诉。但如果该公务员在这30天的通知期内绩效水平明显改善，最终并未被降级或解雇，且绩效水平持续一年都合格，那么这个降级或者解雇的决定则可以从所有的部门记录中删除。

二、加拿大公务员考核评价

加拿大公务员（Public Service）分联邦公务员和地方公务员。联邦公务员分为三大类，第一类是副部级，分为四个级别；第二类是副部级以下绩效管理图为部门进行绩效管理提供了一个基础性的工具。但是，管理者必须参考加拿大财政委员会秘书处和部门制定的政策、集体意见、指导方针等，必要时可咨询人力资源劳动关系（内部）部门。希望各部门针对本部门的具体情况灵活利用本工具。

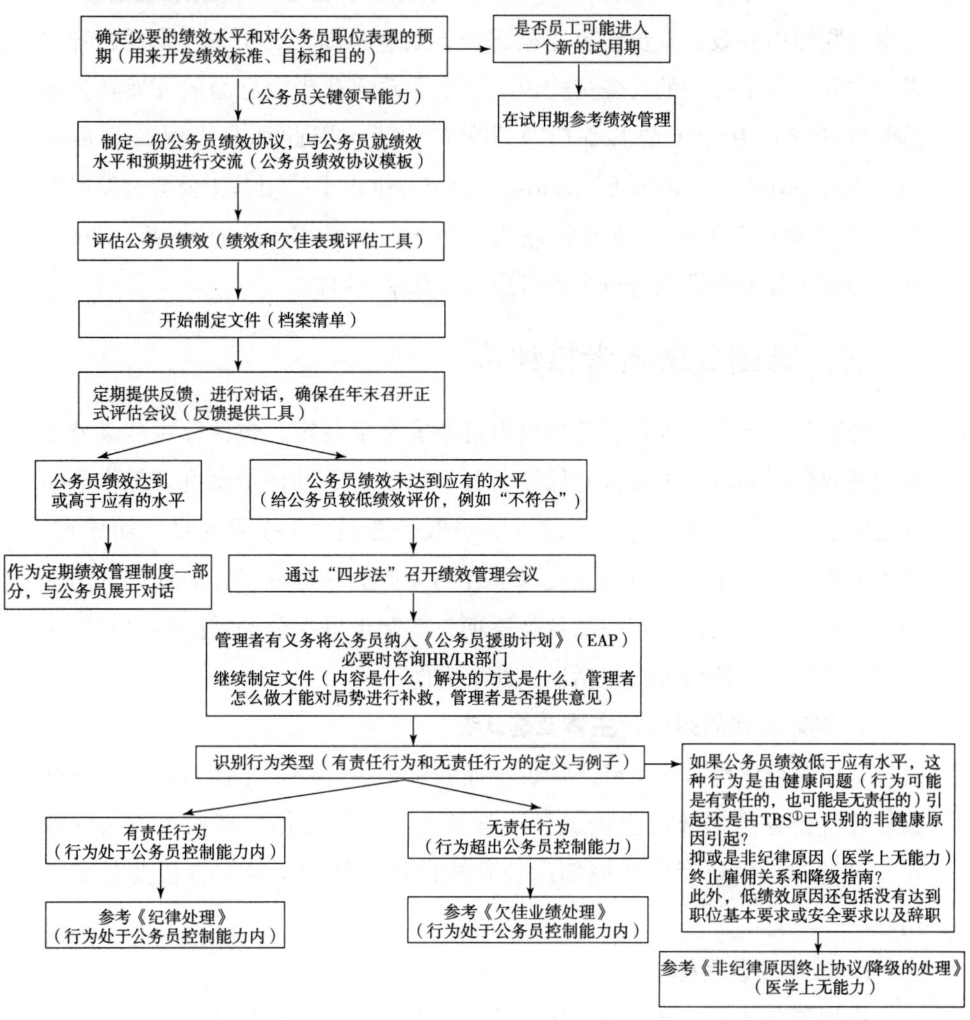

图 4—1　加拿大公务员绩效管理图②

① TBS 即 Treasury Board of Secretariat（加拿大政府财政委员会秘书处）的简称。

② Treasury Board of Canada Secretariat. *Performance Management*. http：//www.tbs-sct.gc.ca/tou/pmc-dgr/intro-eng.asp，2012/04/15.

的行政管理人员，分为五个级别，从高到低依次为助理副部长（Assistant Deputy Minister）、司长（Director General）、主任（Director）、管理人员（Manager）和主管（Supervisor）；第三类是一般公务员（工会公务员）。加拿大联邦中高级公务员主要由副部长、助理副部长、司长、主任、管理者和主管这六个级别的公务员构成。加拿大政府认为领导力的开发和公务员的自身成长有助于公共部门改进服务水平，因此加拿大财政委员会（Treasury Board of Canada Secretariat）制定并推出了一项基于公务员发展的绩效管理通用工具——绩效管理图（Performance Management Mapping），来对加拿大公务员绩效进行有效管理（见图4—1）。

三、韩国公务员考核评价

韩国公务员考核评价制度主要由行政安全部制定，包括针对高级公务员的绩效合同制以及主要针对低级公务员的工作业绩评价制度。工作业绩评定制度其适用对象包括：5级以下一般公务员，5级研究员、辅导官、技术公务员，法定公务员和五级以下合约公务员。这种工作业绩评价制度规定了与客观绩效评价相关的各类事项，有利于提高公务员的能力和工作业绩。工作业绩评价过程包括以下几个方面。

1. 确定工作绩效评价主体及确认者

工作业绩评价首先应确定评价主体和确认者。评价主体可以从能够观察被评价公务员绩效的上级、直接监督者（一般是作为部门负责人的课长）中选择，确认者由所属部门长官从评价主体的上级、直接监督者中指定。

2. 设定绩效目标

被评价公务员应于每年初，与评价主体和确认者协商后设定绩效目标。绩效目标要明确当年应达到的绩效程度，并作为当年绩效活动的标准。

3. 评价项目

在评价绩效时，必须把实绩和能力作为绩效评价的核心要素，其他要素为辅。因此，评价项目应以工作实绩（performance）及职务履行能力

(competency) 为基本项目，另外可根据所属部门长官的判断增加职务履行态度 (attitude)。

4. 评价办法

工作业绩评价的程序基本上与绩效合同一致。评价项目主要由工作实绩、职务履行能力等组成，总分为100分。原则上于每年的6月30日和12月31日分两次进行评价，但所属部门长官认为必要时，可另定评价日期，每年也可实施1次评价。

5. 绩效面谈及绩效记录

绩效面谈是确保工作业绩评价公正性和合理性的不可或缺的核心环节。在设定绩效目标、指导和检查（随时）绩效目标达成情况以及评价主体实施评价这三个环节之前，评价主体需要与被评价公务员围绕工作目标进行交流、指导和反馈，并记录和管理被评价公务员在实现绩效目标过程中的重要事项。

6. 评价结果的公开及异议的申请

评价主体及确认者的评价结束后，应公开评价对象的评价结果。绩效评价结果公开后，对结果有异议的评价对象可向确认者提出异议申请，而确认者与评价主体协商后确定对异议的反馈意见。对确认者的反馈结果有异议的评价对象，可继续向工作业绩评价委员会提出异议申请。

7. 评价结果的应用

工作业绩的评价结果将体现于绩效奖金的支付和晋升候选人名簿上。此外，工作业绩评价结果也可应用于特殊晋升、培训、任职管理等各种人事管理决策中。

四、日本公务员考核评价

日本对其公务员的考核评价主要是依据日本总务省人事院制定的《日本国家公务员人事评价手册：人事评价制度》。该手册对日本公务员绩效

评价的内容及流程等进行了详细的规定。①

（一）公务员考核评价的必要性

1. 背景及必要性

为了满足日本民众日趋复杂和多样化的行政需求，日本公务员需要继续为其国民提供真正的以民为本的高质量、高效率的行政服务，其作风和培育方式等也亟待变革。同时，对日本公务员而言，已经不再追求随着工作年限的增加来晋升职务，他们开始寻求多样化的工作方式，如他们希望有更加专业化、多样化的任职经历等。为了应对这种状况，以往日本过于重视依据录用考试类别或年龄、工龄来决定工资待遇等人事管理方式已经过时。在准确把握公务员能力和绩效的基础上适才量用、各得其所的考核评价，或通过实行差别式工资待遇来提高公务员完成工作的积极性，对进一步提高政府工作效率是非常必要的。作为推进这种全新的人事管理方式的基础性工具，绩效评价制度不可或缺。

2. 日本《国家公务员法》的修订

作为日本国家公务员能力及考核评价的一大支柱，《国家公务员法》等一些修正法律于 2007 年 7 月 6 日公布。其中，绩效评价被定义为“在公务员履行职务过程中所发挥的能力及取得的绩效基础上，对其工作成绩的评价”。对“任用、薪酬、职位资格条件及其他人事管理基础”进行明确定位的同时，指出了“考核评价与公务员的录用考试种类、工作年限无关，需依据工作绩效进行较合理评价”。

这些规定，自公布之日开始实施了两年。日本随后出台的《关于公务员制度改革的“工程表”》也是以其为基础，于 2009 年 4 月 1 日起施行。

3. 日本《国家公务员制度改革基本法》的完成

日本综合推进国家公务员制度改革的《国家公务员制度改革基本法》于 2008 年 6 月公布并施行。这个基本法也涉及了公务员绩效评价，“在确

---

① 総務省人事院. 人事評価制度. http://www.soumu.go.jp/main_content/000034086.pdf, 2012/04/12.

立了作为全体人民公仆所应具备的职业理论的同时，以能力与绩效为基础进行合理评价”，特别是希望能涵盖以下要素：

（1）把职业伦理设定为评价标准；

（2）以组织目标为基础设定业务目标；

（3）公开评价结果、实施促进其他公务员自主竞争的措施。

4. 绩效评价的意义

在日本，绩效评价是以能力及绩效为主的人事管理的基础。同时，从每个公务员的角度来看的话，绩效能够帮助公务员个人把握自己的优势和劣势，促进自我能力开发的人才培养意义。评价过程中评价者和被评价者之间的交流，也有助于促进组织内的意识共享和业务的改善。因为有这些功效，人事评价增强了公共组织活力、提高了行政运营的效率（见图 4—2）。

明确被期望的行动和必须发挥的作用，并明确这些是否能够在规定的期限之内达到。
基于绩效评价的人事管理：以能力和业绩为准则的适才量用的人事配置与相应的合理待遇等。

通过有效管理，使每个公务员都树立自觉、自主工作的自我管理意识。
灵活交流和针对评价结果进行指导和建议，从而鼓舞下属，帮助下属的能力开发和技能提升，促进组织效率（行政服务）的提高。

图 4—2 日本公务员人事评价和人才培养示意图①

---

① 総務省人事院. 人事評価制度. http：//www. soumu. go. jp/main _ content/000034086. pdf，2012/04/12.

（二）日本公务员绩效评价内容

日本的绩效评价是以人事管理为基础的，公正度高、透明性强，因而需要公众对制度有着高度的信赖。为此，设定了以下内容：

绩效评价不是以印象或者性格等不确定因素为基础的，而是基于履行职务过程中所实际采取的行动或者是工作的实际完成状况，其评价项目和行动等都是事先公开了的。

作为评价对象的公务员，不是被动地接受评价，而是以评价为契机，自己主动改善能力绩效水平，这才是绩效评价最重要的目的。这样就给予公务员一个回顾自身行动和业务达成状况的自我申告机会。

评价对象要将自我申告情况（包括评价主体的评价结果）记录在绩效评价书中，由评价者提交。

评价者以评价对象的自我申告为基础进行评价，由调整者调整，由实施权者进行确认之后，将实施权者所确定的评价结果向评价对象公开。

评价者在评价结果公开之后，以评价结果及其根据的事实为基础与评价对象面谈，对其进行指导并提出建议。

同时，若是有对评价不满的情况，应根据各个府与县绩效评价实施规程中所规定的抱怨谈话和抱怨处理，采取相应措施。

（三）能力评价和业绩评价

日本的公务员绩效评价是为了把握公务员在履行职务过程中所发挥的能力及取得的业绩而进行的，它是由表示能力发挥状况的“能力评价”和在明确分工的基础上所取得的业绩，即“业绩评价”所构成的。而且，两个评价都是以评价期间的职务行动和业务达成状况为评价标准，属于绝对评价。在日本公务员绩效评价基本结构中，能力评价和业绩评价也都属于定期评价。定期评价是指从当年 10 月 1 日至次年 9 月 30 日期间为单位，且每年都施行的评价（见图 4—3）。

定期评价： 从当年10月1日至次年的9月30日期间为单位，每年都施行。	能力评价： 从当年10月1日至次年9月30日，每年施行一次。 【定义】 在把握职员完成任务期间所发挥能力的基础之上所进行的工作成绩评价。 【评价方法】 对照评价项目和行动，从职员在完成任务过程中所采取的行动来评价该职员能力发挥的程度。 业绩评价： 从当年10月1日至次年3月31日及4月1日至9月30日，每年施行两次。 【定义】 在把握职员完成任务期间所取得业绩的基础之上进行的工作成绩评价。 【评价方法】 对于职员应当发挥的作用，在提前确认其对业务相关的目标设定情况基础之上，对该职员发挥作用的程度给予评价。

图 4—3 日本公务员能力评价和业绩评价示意图①

1. 能力评价

能力评价从当年的 10 月 1 日至次年 9 月 30 日为评价期间，每年实施一次。能力评价指的是对公务员是否采取了有关职位所需要的职务行动的评价。它评价的是完成任务过程中实际发挥的能力，以工作中的行动（能体现能力的）为标准来评价，对于潜在的能力、人格等不做评价。具体来说，这种评价项目和行动，是把根据职务级别和职务种类所制定的工作所需的能力（标准工作完成能力）以“被期待的行动”的方式记录下来，与公务员在实际工作中的行动进行对照来看是否符合。

---

① 総務省人事院. 人事評価制度. http://www.soumu.go.jp/main_content/000034086.pdf, 2012/04/12.

2. 业绩评价

业绩评价是对工作完成过程中所取得的业绩进行的评价。同时，需要斟酌目标实现过程和达成质量的水平来评价。对每个评价周期内所设定的目标或需要发挥的作用，要以“达到了多少程度”或“做了多少贡献”这个视角去评价。此外，除了作为目标的业务之外，例如对同事工作的帮助或者对突发性事务的处理等也需要综合考虑进行评价。由于1年后进行评价的话不确定性太大，所以半年评价周期最为恰当。业绩评价一般从当年10月1日至次年3月31日及从4月1日至9月30日为业绩评价期间，一年实施2次。业绩评价的结果也可作为每半年的勤奋奖金的发放依据。

3. 能力评价和业绩评价的关系

能力评价是对评价期间内是否采取了某职位所需要的职务行动进行评价，用长远的眼光来看其结果，对能力的提升空间及实际程度进行评价。与之相对，业绩评价是从达成程度方面对每个评价期间内变动的工作成果进行评价。

（四）公务员绩效评价的流程

公务员绩效评价流程指的是在评价期间内所采用的主要评价流程，一般主要评价流程包括以下几个方面（见图4—4）。

（1）期初面谈（目标等的设定）：通过被评价者和评价者的面谈，明确目标、交换认识、设定目标。

（2）完成业务：评价对象以设定的目标和被期待的职务行动为基础完成工作。评价主体把握和分析评价对象的行为与行动。

（3）自我申告：评价对象针对目标的达成状况和完成业务时的行动，对评价者进行自我申告。

（4）事实的确认等：评价主体根据需要对评价对象的自我申告进行事实确认。

（5）评价、调整及确认：评价主体对评价对象目标等的达成状况及在实际工作中的行动进行评价。调整者对评价主体的评价有无不合理的角度与评价结果进行调整。实施权者从确保公正性角度对评价结果进行公开。

（6）评价结果的公开：对由实施权者确定的评价结果进行公开。

（7）期末面谈：评价主体以公开的结果为基础，对评价对象进行指导、提出意见。

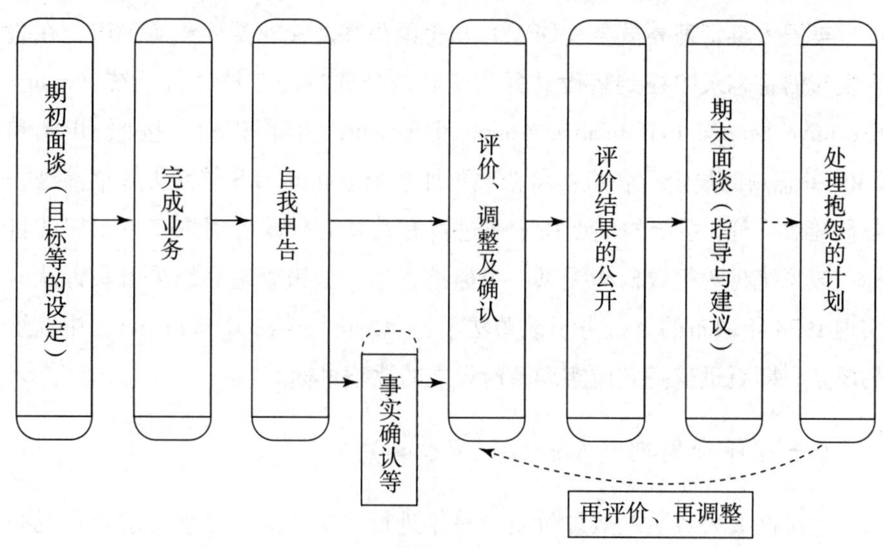

图 4—4 公务员考核评价流程图①

第二节 高级公务员考核评价

一、美国高级公务员考核评价系统

美国高级公务员是指普通公务员（公务员序列中 GS—1 至 GS—15 级的行政人员）之上的和政务官（由总统任命、国会批准的各部部长及副部长）之下的肩负着领导职责、由执行级的第四与第五级以及公务员序列中的 GS—16、GS—17 和 GS—18 级构成的人员。在 1978 年公务员改革以后，美国高级公务员主要是指由上述两类转化而成的高级公务员（Senior Executive Service）。高级公务员介于部门领导与普通公务员之间，其主要工作

① 総務省人事院. 人事評価制度. http://www.soumu.go.jp/main_content/000034086.pdf，2012/04/12.

职责是指导本部门的高级行政人员。在 1978 年卡特政府实施文官改革之前，美国高级公务员主要负责管理行动方案的开展和实施、监督下属的工作，并在一定程度上负责政策的制定与执行。

美国人事管理委员会（OPM）与美国预算及管理委员会（OMB）在联合发布的备忘录中提到将设计并实施高级公务员的考核评价系统（Senior Executive Service Performance Appraisal System，简称 SES）。按照 OPM 和 OMB 备忘录的规定，各机构将依照更加系统全面的 SES 体系去评估高级公务员绩效。SES 系统的重点在于通过富有效率的行政管理来实现组织的目标。该系统将为行政机构提供一个标准化的方法来管理高级公务员，从而实现 1978 年颁布的《公务员改革法案》（Civil Service Reform Act）中描绘的愿景，即更迅速高效地实现政府设立的战略目标。

（一）评价周期（Appraisal Period）

美国高级公务员绩效评价至少每年进行一次，对每年度的绩效情况必须做出总体评价。各机构应该确定考核周期的开始和结束时间，例如，第一年 10 月 1 日至第二年 9 月 30 日。此外，高级公务员考核评价系统还规定了做出绩效评级之前所必须明确达到的最短绩效评价周期。通常，最短绩效评价周期为 90 天。如果对高级公务员的考核和评价已经掌握了足够多的资料，那么在最短绩效评价期间届满之后，可以随时给予绩效评价结果。此外，任何一个职业公务员担任新职务任期后的 120 天内，组织不得对其进行评价。

（二）计划绩效（Planning Performance）

绩效主管必须与高级公务员协商建立适合高级公务员的绩效计划，并在绩效评价开始之前向其传达该计划。高级公务员绩效计划是指期望高级公务员完成的工作和所需达成绩效目标的书面概要。绩效计划为高级公务员明确了绩效评价中的所有关键要素，每个高级公务员绩效计划至少应包括以下关键绩效要素：领导变革、管理下属、工作敏锐度、建立联盟、结果导向。同时，需要为每个关键绩效要素分配一个权重值，权重总分为

100 分。在分配权重时，需遵循以下原则：

（1）分配给结果导向的关键绩效要素的权重最低为 20%。

（2）分配给其他四个关键绩效要素的权重最低可以为 5%。

（3）分配给任何单一绩效要素的权重不得高于分配给结果导向要素的权重。

（三）总体绩效等级（Summary Performance Levels）

当具体或临时任务的绩效周期为 120 天或更长时间时，组织需要为其设定书面的绩效目标和要求，并对其绩效水平做出书面评价。美国高级公务员考核评价系统给出了五个绩效等级：5 级（杰出）、4 级（非常称职）、3 级（完全称职）、2 级（尚可）、1 级（不及格）。

1. 5 级

该等级描述了对组织使命实现做出突出贡献的最高级别的公务员行为特点。该级公务员表现出非同一般的绩效水平，在政府组织、机构或部门层面，树立起保持卓越和追求完美的形象，被机构领导人、同事和下属视为精神领袖与行为榜样。该级公务员在完成重大的组织目标时，做出了重大的贡献或带头作用，在工作中的每个环节都始终达到了人们对其工作质量最高标准的期待，始终能应对挑战、超越目标，提前完成工作任务。

该等级绩效可以表现为以下方面：克服对组织有不利影响的意外障碍或棘手难题；作为领导能够以身作则，创造一个鼓励创造性思维和创新的工作环境，促进关键业务流程再造，以顺利完成组织、机构、部门确定的绩效目标；能够发挥主动精神，寻找新机会并为此制定实施方案和政策；在工作中能够克服超常的任务要求和时间压力完成目标；取得过对组织、机构或部门具有重大价值的成果；在计划执行或组织日常运营成本方面，效果显著并能节省大量成本。

2. 4 级

该等级公务员表现出很高的绩效水平，并超越了其所在职位职责称职标准的要求。该等级公务员能够激发大家信心，是能得到机构领导、同事和下属信任的高效率领导者。在具体情况下，总是能超越既定的绩效期

望、时限或目标。

该等级绩效可以体现在下列方面：为实现一个或多个战略目标努力并取得显著进展；在计划实施或应对政策挑战中展示出不同寻常的智慧；取得超出期望的能推进组织、机构或部门目标实现的成果。

3. 3 级

该等级公务员表现出较高水准的符合期望的绩效结果，其行为和领导力对战略目标的实现与富有意义成果的取得具有积极的作用。根据对评价期间内其工作质量、数量、效率、效果的评价，该等级公务员是一个有效率、可靠、值得信赖、能交付高质量成果的领导者。通常，该级公务员能够符合并常常超越为其职位确立的具有挑战性的绩效期望。

该等级绩效行为表现如下：能及时捕捉解决问题和实施变革的时机；会积极寻找重大问题的解决方案并努力促使方案被采纳；能制定能促进绩效改进的战略计划。

4. 2 级

该级公务员对组织的贡献从短期来看可以接受，但并不能显著地促进组织战略目标的实现。该级公务员基本上符合既定的绩效期望、时限和目标要求，工作中偶尔出现损害组织运营或引起管理层关注的失误。表现出了与他人一起完成工作的基本能力，并且该级公务员展示了激励下属全力工作或引领下属一起努力解决组织及其工作中具体问题的有限能力。

5. 1 级

该级公务员存在诸多缺点，经常给组织使命、目标的实现带来负面影响。该级公务员通常被机构领导、同事或下属视为多余的人。该级公务员不符合既定的绩效期望、时限、目标要求，且不能提供或提供不能接受的工作产品、服务或成果。

（四）绩效监控（Monitoring Performance）

在关键绩效要素的实现过程中，绩效主管必须监控高级公务员的行为表现并提供反馈，包括在必要时提供有关改进绩效的建议和协助，视具体情况给予鼓励、强化信心。同时，每个高级公务员必须在绩效评价周期内至少接受一次绩效回顾，并告知公务员如何按照绩效计划良好地执行绩效目标。

（五）评级关键要素（Rating Critical Elements）

如果一个机构在一个要素中包括多个组成部分，则该机构必须说明确定该关键要素评价的方法，例如结果导向要素有八个目标，则要说明评价主体将如何确定要素的整体评级。

（六）做出总体评级（Deriving the Summary Rating）

一旦确定每个关键要素的等级，相应的要素需匹配相应的分值（见表4—2）。

表4—2　关键要素分值①

等级	分数
5级	5分
4级	4分
3级	3分
2级	2分
1级	1分

推导方法按如下方式计算：如果某关键绩效要素被评为1级（不及格），则总体评级亦为不及格。如果没有任何关键要素被评为1级，则继续下一步。对于每一个关键要素，以该要素所评等级的匹配分值乘以分配给该要素的权重得出。最后，将上步骤得出的五个关键要素的结果相加，得出总分。初步总体评级可以使用下列的分值范围得出（见表4—3）。

① U. S. Office of Pefermance Management. *Senior Executive Service Performance Management System.* http：//www. opm. gov/ses/performance/Appraisal/SES%20Appraisal%20System%20Description%2012%2020%2011%20version. pdf，2012/04/07.

表 4—3 初步总体评价分值①

分值范围	等级
475—500	5 级
400—474	4 级
300—399	3 级
200—299	2 级

任何关键要素被评为 1 级，则初步总体评价则为 1 级。以初步总体评价确定为 4 级（非常称职）举例说明（见表 4—4）。

表 4—4　4 级（非常称职）评价分值②

关键要素	评级	权重	得分	推导公式
	初步要素分	（%）	初步得分	
1. 领导变革	4	15	4×15=60	475-500=5 级 400-474=4 级 300-399=3 级 200-299=2 级 任何关键要素被评为 1 级=1 级
2. 领导雇员	5	15	5×15=75	
3. 商业敏锐力	3	15	3×15=45	
4. 建立联盟	4	15	4×15=60	
5. 结果导向	4	40	4×40=160	
合计		100	400	

初步评价后，评价主体应以书面形式做出初步的总体评价，并将评级

① U. S. Office of Pefermance Management. *Senior Executive Service Performance Management System.* http：//www. opm. gov/ses/performance/Appraisal/SES% 20Appraisal% 20System%20Description%2012%2020%2011%20version. pdf，2012/04/07.

② U. S. Office of Pefermance Management. *Senior Executive Service Performance Management System.* http：//www. opm. gov/ses/performance/Appraisal/SES% 20Appraisal% 20System%20Description%2012%2020%2011%20version. pdf，2012/04/07.

结果告知高级公务员。高级公务员接到评价结果后，可以书面形式对初步评价结果做出反馈。如果对绩效评价结果有异议，高级公务员则有权将评价结果提交绩效审查委员会，请求对初步评价结果进行更高层次的审查。更高层次的审查不得改变初步评价的结果，但可以向绩效审查委员会或委任权力人提出不同的评价建议。

当一位已过最短绩效期间的高级公务员因工作变更或调任到另一个组织、机构、部门时，绩效主管必须在该公务员离开之前对该公务员的绩效做出书面评价，并将评价结果转交给接受该公务员的组织、机构或部门。对从其他组织、机构、部门调动过来的公务员做出初步总体评价时，绩效主管也必须考虑来自其之前所在组织、机构、部门的有关该公务员的绩效评价结果。

（七）绩效审查委员会（Performance Review Boards，简称 PRBs）

各机构应当设立一个或多个绩效审查委员会就高级公务员绩效的年度总体评价向委任权力人提出书面建议并委任成员。每个绩效审查委员会必须由 3 名或更多人员组成，机构负责人或者指定人在确定成员人选时，应保证他们能够对公务员做出一致、稳定、客观的绩效评价。绩效审查委员会成员的任命必须在其履行服务之前在联邦公报上予以公布。

在评价一名职业公务员的绩效时，绩效审查委员的成员必须过半数是职业公务员。绩效审查委员会的成员不得参与涉及其自身评价的审议。绩效审查委员会必须对每一个高级公务员的初步总体评价结果、高级公务员的回复以及更高层次审查的结果，进行必要的附加审查，并就每一个高级公务员的总体评级、津贴和薪酬调整（根据具体情况）向委任权力人提出书面建议。需要注意的是，在公务员没有对拟议的初步总体评级做出书面回应之前，绩效审查委员会不得将其提供给有关机关或他人。同时，在绩效审查委员会作出有关机构或组织绩效的建议时，必须考虑相应组织、机构或部门绩效提交给绩效审查委员会的绩效评估报告。

（八）对绩效欠佳的处理（Dealing With Poor Performance）

针对高级公务员绩效欠佳的情况，相关机构或部门必须采取以下措施：

（1）重新安排、调动或解聘最终评级为1级的高级公务员；

（2）解聘三年期间内至少两次最终评级低于3级（即两次2级或2级和1级各一次）的高级公务员；

（3）解聘五年内两次最终评级为1级（不及格）的高级公务员。

高级公务员若对处理结果存有异议，则可以将其认为涉及非法歧视或评价程序的不合理方面向美国特别检察官委员会提起申诉，并有权在解聘之日起的15日之前请求考绩制度保护委员会举行非正式的听证会。

（九）培训和评价（Training and Evaluation）

（1）培训。各机构或部门需根据高级公务员考核评价系统的要求、绩效薪酬体系的规定以及以往的评价结果向公务员提供相应的资料和培训。

（2）评价。各机构或部门将定期地评价考核评价系统的效率，并在必要时实施改进。

（十）其他系统要求（Additional Agency-specific Requirements）

美国高级公务员考核评价系统还对绩效评价结果应用、组织评价及其准则、绩效评价过程监督、绩效区分和绩效薪酬等内容进行了相应的规定，并提供了高级公务员绩效协议的模板（见表4—5）。

1. 绩效评价结果应用

绩效评价结果被用来作为调整薪酬、授予奖励、确定培训和其他人事决策的依据。

2. 组织评价及其准则

机构必须评价组织绩效（组织整体评价，涉及组织的特定使命、要素、程序、政策和支持功能）。机构亦必须确保评价结果和评价准则由机构负责人（或机构负责人指定的另一官员）传达给高级公务员、评价主体、更高层次的审查官员和绩效审查委员会，以便他们在进行绩效评价、评级或提出建议时考虑。

3. 绩效评价过程监督

机构负责人或其指定的官员提供组织评价准则，负责监督绩效评价过程，并保证：评价程序根据绩效评价内容做了有针对性的设计；公务员评级考虑了组织绩效的评价结果；薪酬调整、奖励和薪酬水平准确地反映了个人和组织绩效。

4. 绩效区分

评价主体和绩效审查委员将对照相关的绩效指标，根据机构绩效评价的结果对绩效进行科学合理的区分。

5. 基于绩效的差异化薪酬

已取得高等级绩效的高级公务员将获得年度最高总体评级和相应的薪酬调整、现金奖励和工资级别，并据此提高其在薪酬序列中的位置。

表 4—5 高级公务员绩效协议①

第一部分：咨询，我已检查该协议，并已就该协议的编制进行了咨询	
公务员姓名（姓、名、中间名）：	评级期间：
公务员签字：	日期：
职位：	组织：
评级官员姓名（姓、名、中间名）：	CA　NC　LT/LE
评级官员签字：	日期：
第二部分：绩效回顾	
公务员签字：	日期：
评级官员签字：	日期：
审查官员签字（可选）：	日期：
第三部分：总体评级	

① U. S. Office of Personal Management. *Senior Executive Service Performance Management System*. http://www. opm. gov/ses/performance/Appraisal/SES%20Appraisal%20System%20Description%2012%2020%2011%20version. pdf，2012/04/07.

续表

<table>
<tr><td>初步总结评价</td><td>5级
（杰出）</td><td>4级
（非常称职）</td><td>3级
（完全称职）</td><td>2级
（尚可）</td><td>1级
（不及格）</td></tr>
<tr><td colspan="6">评级官员姓名（姓、名、中间名）：</td></tr>
<tr><td colspan="3">评级官员签字：</td><td colspan="3">日期：</td></tr>
<tr><td colspan="3">公务员签字：</td><td colspan="3">日期：</td></tr>
<tr><td colspan="6">审查官员的签字（可选）：</td></tr>
<tr><td colspan="6">更高层次的审查（如适用）</td></tr>
<tr><td colspan="3">我请求更高层次的审查。公务员草签：</td><td colspan="3">日期：</td></tr>
<tr><td colspan="6">完成更高层次的审查</td></tr>
<tr><td colspan="4">更高层次审查员签名：</td><td colspan="2">日期：</td></tr>
<tr><td>绩效审查委员会建议</td><td>5级</td><td>4级</td><td>3级</td><td>2级</td><td>1级</td></tr>
<tr><td colspan="4">绩效审查委员会签字：</td><td colspan="2">日期：</td></tr>
<tr><td>年度总结评级</td><td>5级</td><td>4级</td><td>3级</td><td>2级</td><td>1级</td></tr>
<tr><td colspan="4">委任权力人签字：</td><td colspan="2">日期：</td></tr>
</table>

<table>
<tr><td colspan="8">第四部分：推导公式和年度总体评级的计算</td></tr>
<tr><td rowspan="2">关键要素</td><td colspan="2">评级</td><td>权重</td><td colspan="2">分值</td><td rowspan="2" colspan="2">总体等级范围</td></tr>
<tr><td>初步</td><td>最终
（如果改变）</td><td></td><td>初步</td><td>最终
（如果改变）</td></tr>
<tr><td colspan="3">1. 领导变革</td><td colspan="5" rowspan="5">475-500=5级
400-474=4级
300-399=3级
200-299=2级
任何关键要素被评为1级=1级</td></tr>
<tr><td colspan="3">2. 领导雇员</td></tr>
<tr><td colspan="3">3. 商业敏锐力</td></tr>
<tr><td colspan="3">4. 建立联盟</td></tr>
<tr><td colspan="3">5. 结果导向</td></tr>
<tr><td colspan="3">合计</td><td colspan="5">100%</td></tr>
<tr><td colspan="6">第五部分：关键要素——要素评级分值分配</td><td colspan="2">5级=5分
4级=4分
3级=3分
2级=2分
1级=0分</td></tr>
</table>

续表

<table>
<tr><td colspan="5">关键要素 1：领导变革（最小权重 5%）</td><td>权重</td></tr>
<tr><td colspan="6">建立并实施与关键组织目标和计划目标、优先事项、价值观，以及其他要素相关的组织愿景。评估变化的情况并据此做出相应的调整，实施创新的解决方案使组织得以改善，根据具体情况，不断地调整方向，改正方法，甚至作出重大的转变。平衡变化和持续性，不断努力改善服务和流程绩效，创造一个鼓励创造性思维、协作和透明度工作环境，即使在实施遇到困难时仍关注计划的重点。</td></tr>
<tr><td colspan="6">附加的特定机构绩效标准（插入与此绩效要求有关的特定机构文字）</td></tr>
<tr><td colspan="6">评级官方叙述：（可选）</td></tr>
<tr><td>关键要素评级——领导变革</td><td>5 级</td><td>4 级</td><td>3 级</td><td>2 级</td><td>1 级</td></tr>
<tr><td colspan="4">关键要素 2：管理下属（最小权重 5%）</td><td colspan="2">权重</td></tr>
<tr><td colspan="6">设计并实施能最大限度地挖掘下属潜能的策略，将组织横向、纵向地连为一体，并培育符合组织愿景、使命和目标的较高道德标准。提供包容性的工作场所，促进他人的发展以使之充分地发挥潜能，鼓励全员充分参与，促进协同、合作和团队精神，支持建设性地解决冲突。确保下属绩效计划与组织使命、目标相一致，并切实根据明确规定适时按照绩效标准对下属进行考核，使下属对有关的绩效等级和行为负责。招聘、保留和培养所需要的人才，使组织拥有一支来自不同民族、具有完成组织绩效目标所需技能的高素质、多元化的公务员队伍。</td></tr>
<tr><td colspan="6">附加的特定机构绩效标准（插入与此绩效要求有关的特定机构文字）</td></tr>
<tr><td colspan="6">评级官方叙述：（可选）</td></tr>
<tr><td>关键要素评级——领导人民</td><td>5 级</td><td>4 级</td><td>3 级</td><td>2 级</td><td>1 级</td></tr>
<tr><td colspan="4">关键要素 3：工作敏锐度（最小权重 5%）</td><td colspan="2">权重</td></tr>
<tr><td colspan="6">以可赢得公众信任和有助于完成组织使命的方式评估、分析、获取、管理人力、资金、物资和信息资源。借助技术改善流程、做出决策。执行经营预算，合理地制定预算要求，对资源进行管理。</td></tr>
<tr><td colspan="6">附加的特定机构绩效标准（插入与此绩效要求有关的特定机构文字）</td></tr>
</table>

二、英国高级公务员考核评价系统

1996 年，英国政府开始对一般公务员和高级公务员实施分别管理，并为了确保公务员队伍的相对稳定性，增加部门间的有效沟通，促进部门间的横向协作，创建了相对独立的高级公务员管理体系。英国的高级公务员

（Senior Civil Service，简称 SCS），1996 年后的高级公务员是从原来 1 级至 5 级公务员队伍中产生的，包括常务次官（Permanent Secretary）、副常务次官（Deputy Secretary）和次官（Under Secretary）等。英国的中高级公务员则包括常务次官、副常务次官、次官、助理次官（Assistant Secretary）和主管（Senior Principal）等。他们是英国政府的高级管理人员、专家和政策咨询家，是公务员队伍中的精英群体，主要履行领导职能，但需要根据上级的要求在政府各个部门之间轮换岗位。

英国在高级公务员队伍建设中重用通才，这就决定了其考核评价的内容比较广泛，绩效评价程序更加复杂而全面。同时，在公务员绩效评价工作中，英国政府特别重视程序的科学性，内阁办公室每年会定期出台公务员绩效管理的指导手册。下文我们将通过对北爱尔兰高级公务员的考核评价系统的分析，来探求英国高级公务员考核评价的有益经验。①

（一）简介和概述

北爱尔兰高级公务员需要对本地区的公务员群体及政府计划目标的实现负责。他们作为一个群体，需要共同合作，通过个人和组织的努力为政府政策的制定确定方向，并为本部门和其他部门提供高效的服务。同时，作为高级公务员，他们应以最高的道德标准要求自己并展现出卓越的精神风貌，努力成为本地区居民学习的榜样。

北爱尔兰对高级公务员实行基于绩效的薪酬和审查机制，关注个人和团队为组织目标所做的努力，通过采用鼓励、改善和支持个人及组织行为的手段，来实现持续提高组织绩效的目的。良好的绩效计划、绩效改进和绩效反馈方案是实现上述目标的关键。考核评价的重点是管理人员如何和下属及同事进行有效的工作，包括对工作成功的定义，以及采用便于理解的核心流程来实现并保持这种成功状态。个人在组织中，既要致力于实现组织目标，又要努力发展个人能力、丰富知识、提升技能。公务员和其直

---

① UK. The Civl Service. *The SCS Performance Management System*. http：//scs. nics. gov. uk，2012/04/04.

接领导建立坦诚而频繁的交流对考核评价至关重要。每个人都能清楚组织对自己的期望和要求，以及如何评价个人的工作和制定相应的奖励计划。良好的考核评价系统能够帮助领导者做到：激励下属竭尽全力地去工作；根据确立的优先顺序为下属布置战略任务时，始终关注下属个人的绩效表现及其发展；有效地管理职业生涯发展和制定连续性计划；认可下属的贡献和成绩，并做出合理的奖励决定。

政府职业技能计划（Professional Skills for Government）于 2006 年 4 月正式生效并开始应用于整个高级公务员队伍。政府职业技能计划现在是英国高级公务员考核评价流程的一个组成部分。① 图 4—5 简要说明了北爱尔兰高级公务员考核评价系统流程。

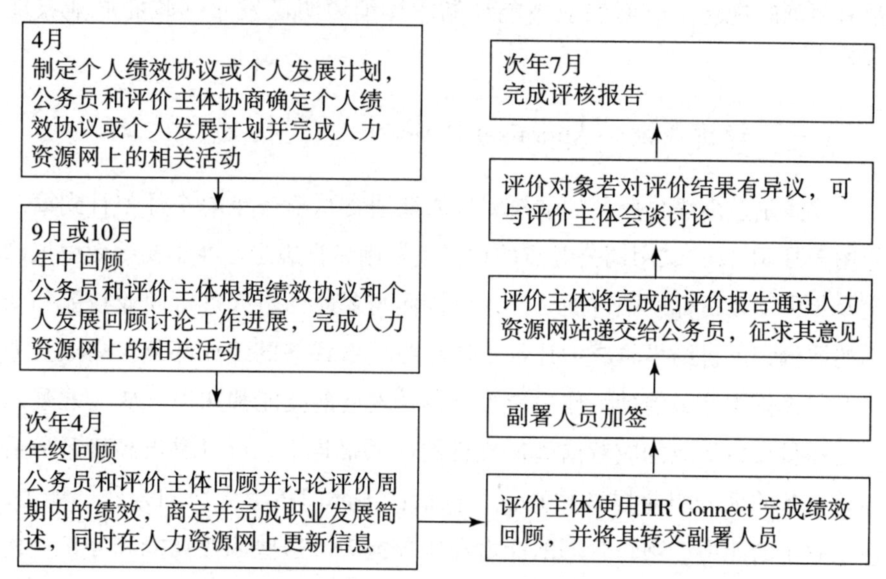

图 4—5　北爱尔兰高级公务员考核评价系统流程图②

---

① UK. The Civl Service. *The SCS Performance Management System*. http：// scs. nics. gov. uk，2012/04/04.

② UK. The Civl Service. *The SCS Performance Management System*. http：// scs. nics. gov. uk，2012/04/04.

（二）政府职业技能计划

政府职业技能计划是高级公务员考核评价系统的关键组成部分。政府职业技术计划旨在：明确公务员在公共部门应该具备什么样的技能；确保公务员无论其在什么地点工作，均有合适的技能和专门知识，从而为公众提供高效的服务。政府职业技能计划为当前英国公务员的工作规定了所需要的技能及应注意的方面。英国公务员需从以下四个方面来展示自己的专业知识和技能：领导能力、核心能力、与工作或职业类别有关的专业知识、多部门的丰富工作经验及相关的专业技能。在一系列的公务员相关文件中对每一层级的公务员上述四个方面及职业类别所需的专业知识和技能都有明确的规定。政府职业技能计划的详细说明已发布到政府职业技能网站。

（三）评价周期（Appraisal Period）

北爱尔兰高级公务员的绩效评价周期通常从第一年的 4 月 1 日到第二年的 3 月 31 日，试用期公务员的评价周期则另行规定。在年初绩效协议确定及年中绩效目标回顾进展时，评价主体需要对当事人进行职业技能和知识的评价，评价结果将成为评价主体年终绩效评估的组成部分。高级公务员及其评价主体最清楚工作中应当具备及发展的技能和知识。从《北爱尔兰公务员权力下放的应对措施》文件的回顾报告中，可以看出高级公务员需要具备的部分职业技能和知识，包括：各部门负责人协同合作的能力、政策制定的能力、项目管理的能力和领导能力。这些职业技能和知识是构成政府职业技能计划的重要组成部分。在年初与评价主体商谈绩效协议时，高级公务员本人既要考虑目前所用的知识和技能，又要考虑在工作中需要发展的知识和技能。在进行年终绩效评价时，除了评价绩效目标是否完成外，评价主体需确定评价对象多大程度上已具备政府职业技能计划。如果评价对象属于公务员队伍中的专业技术人员，则该专业技术岗位就应明确公务员所需要具备的职业技能和专业知识。

通常，在评价周期开始时评价主体和高级公务员需要进行会谈，商量制定个人绩效协议和个人发展协议。个人绩效计划和个人发展计划中规定了整个评价期间高级公务员的工作职责、目标和发展需要。对评价周期内的任何改变，高级公务员都需要和自己的评价主体进行协商，并在评价周期结束时提供年度工作和发展活动的详细总结报告。

个人绩效计划是公务员工作计划的基础，在评价周期结束时评价主体需就工作计划的完成情况对评价对象的年终绩效做出评价。个人绩效协议中的关键要素包含以下内容：

（1）工作目标——应当明确具体职位上的工作要求，确定未来一年中工作的优先次序。尽可能从公共服务协议或者部门经营计划中去确定工作目标，同时要注意目标的可衡量性。

（2）社区目标——加强社区有效管理的领导能力和部门整体的凝聚力。

（3）能力目标——重点关注需要做些什么，以确保下属及部门能够在未来相当长的时间内具备完成业务目标的能力。例如，财务能力和高效完成工作的能力。

通常，制定的工作目标和能力目标可以分为4—6级。个人绩效协议中应包含一个多样性工作目标和能力目标，而多样性工作目标和能力目标的确定取决于挑战的多样性与高级公务员所扮演的角色。目标制定应遵循SMART原则，即：具体性、可衡量性、可达成性、相关性和时限性。

个人发展计划根据之前沟通商定的结果确定公务员的发展需要和目标，以及实现这一需要或目标所采用的最佳方案。反映职位所需要的核心技能、领导素质、经验和专业知识，可参照政府职业技能计划来确定。

（四）年中发展回顾（Mid-year Development Review）

年中发展回顾应在9月或10月进行。年中回顾会谈应评价高级公务员的绩效协议目标和发展目标的进展。如果个人进度不能符合目标要求，个人需要和自己的评价主体讨论，根据情况的变化做出必要的改变并协商需要采取的行为。讨论的内容包括：个人潜能、在同一职位上的发展空间、同级变动工作的可能性及是否适合更高层次的职位。

高级公务员的政府职业技能计划及相关知识技能的发展是年终绩效回顾的重点。年中发展回顾的不仅关注高级公务员未来六个月的表现，而且还关注其以后更长时间内的职业愿望和选择。如果需要，评价主体可在全年的任意时间对评价对象进行额外的绩效回顾。

（五）年终绩效回顾（End of Year Performance Review）

年终绩效回顾会谈至关重要。当事人和评价主体需要通过此会议来讨论该年度的绩效，讨论内容包括：年初目标是否实现，个人职业能力、知识和技能的发展及表现。会议应当在绩效评估完成前次年 4 月举行。在会议上，高级公务员及其评价主体回顾整个年度所取得的绩效，并为下一年度的绩效协议打下基础。双方应该坦诚地面对面交流，而不是仅仅填写表格敷衍了事。同时，高级公务员应基于现实表现来展开讨论。若年初就已制定明确的绩效评价标准或者有政府职业技能计划的相关规定作为参考，则双方讨论将更容易达成共识。

此外，英国考核评价系统包括一份反映个人职业和发展愿望等信息的表格——“职业发展概要”（Career Development Profile）。该表格亦有助于常任秘书组考虑继任计划。作为年终回顾程序的一部分，应当及时填写该表格，该表格可以从英国人力资源网下载。

需要注意的是，在年终绩效回顾会议前进行自我评价，将有助于会谈的开展。高级公务员和上级评价主体应积极参加与之相关的各类绩效回顾会议。年终绩效回顾会议所涉及的管理信息、辅助文件、客户等第三方证明或其他调查问卷和利益相关者的意见等相关证明材料都是有用的。评价对象无须向评价主体提交繁多的证明材料，应当力求顾及评价结果和材料数量之间的平衡，避免演变为繁文缛节的文字游戏。

（六）绩效回顾讨论（Performance Review Discussion）

将年中回顾和年终回顾列入绩效评价程序，高级公务员和评价主体能够获得更多的机会进行坦诚的交流，从而确保双方对形成的报告没有异议。若出现双方难以达成一致的表格内容，评价主体应当和公务员就争议内容展开讨论。绩效回顾讨论通常在高级公务员和评价主体之间进行。在特殊情形下，高级公务员可以请求与副签人面谈。回顾讨论的内容包括：个人业绩目标的达成（包括多样性目标）；具备和发展的与政府职业技能计划有关的能力；有效使用和发展的技能与知识等。在每一个绩效回顾讨论结束时，应考虑采取以下措施：对应计划和目标达成情况进行进展回顾；讨论开展顺利或不顺利的活动，并共同找出原因；根据部门和政府优先事项顺序讨论未来的计划；考虑绩效改进的方法和行动；协商行动方案等。

在整个年度中，应当定期地提供有关绩效的反馈。评价主体在会谈中应努力做到以下几点：激励、认可成绩、提出建议或指导调整计划以及改进绩效标准，并在人力资源网上及时更新对应目标做出的评价。副签人随后通过人力资源网完成评价，对考核评价系统中的绩效报告做出确定。如果副签人希望改变报告的某些内容，应当与该报告的评核人进行讨论，如果未能达成一致意见，副签人应当对任何改变说明个人理由。考虑到在完成报告时会存在各种潜在的困难，评价主体应与副签人就这些方面进行商定。

三、加拿大高级公务员考核评价

公务员绩效管理计划（Performance Management Program，简称 PMP）是加拿大政府部门实施有效管理的重要组成部分，是由加拿大财政委员会（Treasury Board Secretariat，简称 TBS）指定的财政委员会秘书处首席人力资源官（Chief Human Resources Officer，简称 CHRO）根据《财务管理法》（Financial Administration Act）授权签发。该计划于 2007 年 6 月 16 日生效。其目的是将高级公务员的责任和部门的战略及业务优先级结合起来，有利于管理公务员的绩效及奖励。

（一）应用范围

《财务管理法》适用于核心公共管理领域的公务员管理，不适用于以下群体中包含的职位（见表 4—6）。

表4—6 不适用群体及其相对应的级别①

群 体	级 别
公务员（EX）群体	1—5
国防科学局（DS）群体	7A、7B、8
地方政府卫生官员（MD—MOF）群体	4—5
医学专家（MD—MSP）群体	3

（二）具体要求

1. 绩效协议（Performance Agreements）

加拿大高级公务员的考核评价需依据绩效协议来开展，高级公务员绩效协议由公务员本人与其上级领导共同签订，协议内容应包括在一定绩效评价周期内高级公务员需完成的工作任务和应具备的工作能力要求。协议一般包括个人信息、一般工作职责和关键工作职责、完成工作职责和胜任领导能力的具体措施、反映实际工作成果和领导能力水平的书面评价以及签名等。绩效协议的完成情况是高级公务员晋升的主要参考。

2. 管理和绩效评价（Management and Assessment of Performance）

公务员管理和评价的依据是《公共服务价值与伦理法》。该法规定，加拿大公共服务是国家的一项重要制度，是促进加拿大民主的重要组成部分，其作用是协助加拿大保持和平安定的社会秩序和良好的国家形象。通过绩效管理，可以使加拿大高级公务员的工作目标与部门的工作计划相协调，以促进部门和高级公务员绩效的协同与提升。

3. 绩效奖励管理（Administration of Performance Awards）

薪酬反映绩效和贡献是决定公务员薪酬的基本原则。高级公务员只有完成了绩效协议中的工作任务，才能获得基本薪酬。如果高级公务员超额

---

① Treasury Board Secretariat. *Performance Management Program (PMP) for Executives.* http://www.tbs-sct.gc.ca/prg/mran-eng.asp，2012/04/15.

完成了工作任务，则可以获取相应的绩效薪酬。绩效薪酬取决于每年的绩效评价结果，绩效薪酬的高低能够反映高级公务员的工作职责、工作难度和绩效评价的结果。

4. 证明信（Letters of Attestation）

在颁发绩效奖励前，各部门应最迟于6月30日向加拿大财政委员会首席人力资源官发送一份信函来证明：第一，每个公务员都签署了一份有效的绩效协议；第二，关键领导胜任素质被用于评价公务员绩效，并且本部门已采取审查制度以公正一致原则来审查每位公务员的绩效评价；第三，证明信提供了公务员薪酬全部支出金额的信息。需要注意的是，证明信只能由部门负责人签名。

5. 预算（Budgets）

部门提供的参考应涵盖职权范围内各种活动的金额，另外，还应包括占公务员薪酬一定比例的总体绩效奖励预算的信息，该信息由首席人力资源官办公室随时发布。

总体绩效奖励预算应根据财政年度3月31日领取的公务员薪酬水平情况而制定。除非特殊情形，例如某个组织实现的突出成果导致一大笔开支，或者以前也曾有过超支的先例，否则总体绩效奖励预算不得超支。如果发生要求超出预算的上述例外情形，必须将理由写在证明信中。

6. 首席人力资源官办公室（The Office of the Chief Human Resources Officer，简称OCHRO）

首席人力资源官办公室授予部门负责人支付绩效奖励的权力，并需要应用公务员绩效管理计划的部门提供支持工具、模板和培训资料。

四、韩国高级公务员考核评价

（一）韩国高级公务员录用方法

韩国政府高级公务员团20%的职位为开放型职位，30%的职位为公开招聘型职位，50%的职位为各部门自由掌控型职位。高级公务员团的个别职位要求一定的资格条件（有时要求一定的工作经历）。《中央政府公务员

法》第二十八条第四款规定了应聘各部门开放型职位中合约公务员所需的资格条件；《国家公务员法》第二十八条第二款和《高级公务员团人事规章》第十三条规定了应聘各部门自由控制型职位中普通职务高级公务员所需的资格条件。此外，《高级公务员团人事规章》第六条和第十五条规定了应聘法定公务员所需的资格条件。[①] 由于各个职位要求的资格条件各不相同，因此无法对各职位的具体录用方法做出统一说明。

上述情形中，普通应聘者通过层层选拔考试之后，还须通过能力考核才能成为高级公务员。所谓能力考核是考核应聘者的能力是否能够胜任高级公务员的职务要求。《高级公务员团人事规章》第九条和第十条规定了能力考核与能力考核委员的事宜。《国家公务员法》第二条第二款第三项规定考核的实施对象仅限于欲成为高级公务员者、四级以上欲晋升和调任为高级公务员的公务员（这里的调任仅限于非高级公务员的研究员、辅导官向高级公务员职位的调动情形）。能力考核委员从高级公务员、已辞职高级公务员和在人事行政及能力评价领域有丰富知识与经验的人中产生，由行政安全部部长委派。考核委员对考核对象的能力做出评价，并处理相关事项。

同时，《高级公务员团人事规章》详尽介绍了韩国高级公务员录用的相关事项。该法令第一条明确说明了该法令制定的目的在于对以下事项做出规定：《中央政府公务员法》中规定的属于高级公务员团的公务员任用相关事项和执行相关事项，《公务员任用令》、《法定公务员人事规章》、《合约公务员规章》和其他公务员人事关系法令的特例等内容。法令第七条和第八条规定了高级公务员团候补公务员选拔和培训的相关事项。第八条规定，为了提高高级公务员团候补人员的能力，使其能够胜任高级公务员的职务，行政安全部部长4级以上公务员（包括非高级公务员的研究员、辅导官）需为候补人员开设相应的培训课程。

---

① Republic of Korea Civil Service Commission. *Senior Civil Service System in Korea*. http: //www. exam. gov. tw/public/Attachment/11319582574. pdf, 2012/03/10.

（二）韩国高级公务员管理系统

韩国政府对公务员实行明确的分类管理，并对各级公务员进行了清晰的界定。具体而言，韩国公务员制度一般基于阶级制，辅以职位分类制，公务员大致分为国家公务员和地方公务员。公务员的阶级，不论是国家公务员，还是地方公务员都分为1—9级，原则上要求公务员按阶级和职级就任相应的职位。1—3级公务员归为高级公务员，高级公务员不分阶级，而是根据能力或职位特征就任相应职位。根据韩国公务员的分类管理体系，韩国形成了独具特色的二元公务员考核评价体系，即对4级以上公务员实行绩效合同制，对5级以下公务员进行工作业绩评价，并开发了绩效管理卡作为公务员绩效的管理系统。

1. 绩效合同制（Job Performance Agreements）

绩效合同制是一项评价公务员绩效表现的制度，其评价结果将在人事管理中得到反映。绩效合同制的法律依据为公务员绩效评价相关法规（《中央政府公务员法》第五十一条、第四十条、第四十条第二款第二项等）和方针（行政安全部第二百一十八号惯例）。绩效合同制度的适用对象包括：4级以上一般公务员（包括高级公务员团）、4级以上级别法定公务员、4级以上合约公务员、5级以下公务员中认同绩效合同合理性的公务员。绩效合同制度的具体执行方法为：从个人业绩评价、部门业绩评价和其他与职务履行相关的素质、能力评价的结果中选出一项或一项以上作为评价项目，评价对象和评价者通过协商制定绩效目标和评价指标后，对所选出的评价项目做出评价。评价指标可以是评价对象在评价周期内对实现绩效目标的推进能力，也可以是根据评价项目的特点制定的其他评价标准。另外，必要时，部门领导可成立绩效合同管理委员会，对绩效目标和评价指标进行讨论，以保证考核评价的客观性和公平性。韩国高级公务员绩效评价的流程具体包括以下步骤：

第一，战略计划的制定。战略计划是指中央行政机关的长官为实现战略目标而制定的中、长期计划。在签订绩效合同之前先制定战略计划的目的是为了强化个人业务绩效与组织目标之间的联系。

第二，绩效合同的签订。绩效合同是指评价主体与评价对象之间，围绕要达成的绩效目标、评价指标及评价结果的应用等进行协商后达成的具有约束性的协议。根据组织的业务特点，所属部门长官可另行规定合同内容和办法。绩效合同通常于年初（1 月）签订，为期一年。在签订绩效合同过程中重要的一点是，当设定绩效目标时，要确保上、下级目标之间的联系，即通过签订自上而下的绩效合同，使课/班长的绩效目标能够有效支撑上级（室/局长）的绩效目标。

第三，中期检查。每年至少进行一次自我检查形式的中期检查（一般是 7—8 月）。届时，评价主体以评价对象的绩效记录为基础，通过绩效面谈的方式讨论存在的问题和改进方案，并依据环境变化判断修订绩效目标及指标的必要性。

第四，评价办法及程序。评价周期内，根据既定的绩效合同对绩效目标达成度进行评价。评价时，评价主体与评价对象必须进行绩效面谈，评价主体以评价指标的测量结果为基础制作最终的绩效评价报告书。评价主体的上级需要确认评价主体提交的评价结果并对其进行合理性检查。

第五，评价结果的应用。对于实行绩效合同制的公务员，其评价结果的应用将反映在绩效薪酬支付和重要的人事决策上。依照强制分布的原则，绩效评价结果分为 5 个等级，卓越占 20% 以下，存在不足占 10% 以上，绩效薪酬将按照评价结果的等级予以发放。

2. 绩效管理卡（Performance Record）

2005 年 2 月，韩国政府修订了《公务员人事记录及人事业务处理规定》，从而为绩效管理卡提供了有力的法律依据。绩效管理卡是韩国政府为管理公务员绩效评价结果而开发的一个系统（见图 4—6），它不仅记录绩效合同制和工作业绩评价的结果，而且也记录包括政府业务评价和监察院评价在内的所有评价结果。因此，绩效管理卡可以有效综合和积累有关公务员绩效的各种评价及监察结果，构建基于以绩效为核心的公务员考核评价体系。绩效管理卡中，记录对象的信息包括个人的实绩、能力评价信息、外部评价和监察结果等。实绩及能力评价信息包括工作业绩评价结果、绩效等级、多元评价结果及创新活动结果等。外部评价包括国务调整室政策评价结果等。监察结果包括监察院检查结果、自查及个别机关检查结果、制度改革、战略课题、执行情况检查结果等。

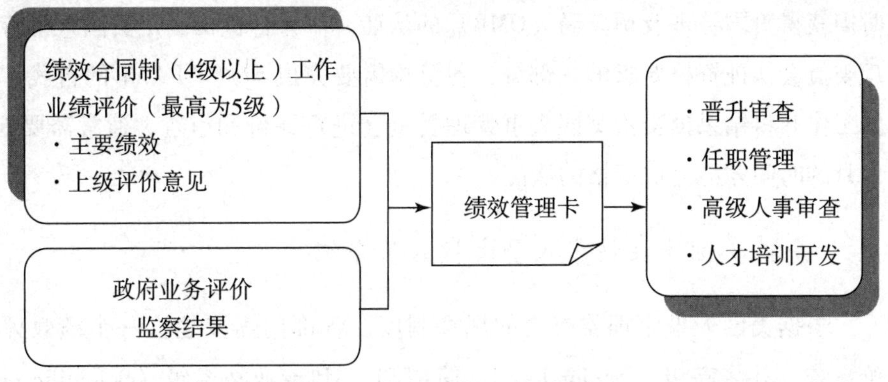

图4—6　绩效管理卡的应用①

在韩国的各行政机关中，绩效管理卡作为基础的管理系统已被广泛应用于公务员的人事晋升、任职管理、培训开发等各种管理决策当中。同时，绩效管理卡作为高级公务员资格的重要审查材料以及政务职和部长的候选审查资料，与韩国政府的国家人才库紧密链接在一起并能够及时同步更新。

第三节　专业技术人员考核评价

专业技术人员是指具备专门的知识和技术才能的工作人员。对于专业技术人员的考核评价，国外很多国家已经有了较为成熟的评估工具，现从中选取部分国家对专业技术人员的考核评价进行简要的介绍。

一、美国专业技术人员考核评价

美国高级员工和专业技术人员绩效评估工具（Senior Level and Scientific or Professional Employees Performance Appraisal Assessment Tool，简

① Pan Suk Kim. 2010. *The Civil Service System in the Republic of Korea*, *Public Administration in East Asia.* (pp. 451-471). CRC Press

称 SL/ST—PAAT）是用来评价部门中高级员工和专业技术人员绩效的有利工具。各部门在实施前需要获得美国人事管理委员会（OPM）的认可，同时需获得美国管理及预算局（OMB）的认证。作为各机构满足美国人事管理委员会认证资格要求的一部分，各机构需要完成 SL/ST-PAAT 的自我评估工作并将结果提交给美国人事管理委员会进行评价和审查，通常需要 6 个月的时间才能完成资格的认证。

（一）美国专业技术人员考核评价介绍

根据美国人事管理委员会的规章制度，各部门需要建立一个绩效评价系统，并将高级（Senior Level，简称 SL）和专业技术级（Scientific or Professional，简称 ST）员工归入该考核评价系统。对于有能力向 SL/ST 员工支付 2 级以上、3 级甚至总额更高薪水的部门，必须先由美国人事管理委员会和美国管理及预算局对其评价系统进行认证。美国人事管理委员会应根据规定的系统认证标准来评估其 SL/ST 评价系统和绩效计划，以确保其评价系统符合所有规定的规范要求。作为向美国人事管理委员会提出认证请求的必要条件，各个部门必须在认证期结束前 6 个月完成这个自我评估工作，并提交给美国人事管理委员会，由后者审查和确认。

以下 SL/ST 评价系统认证规范是根据行政规章制度《美国联邦行政法典》和美国人事管理委员会与美国管理及预算局政策制定的。

1. 问责制

处于监管职位的 SL/ST 人员需对下属的绩效管理和绩效计划负责。

2. 一致性

SL/ST 人员的绩效计划应明确体现战略计划、年度绩效计划、组织规划、预算文件中制定的组织目标，并保持协调一致。

3. 可评价的结果

SL/ST 评价系统要求员工达成可评价的绩效结果，并且评价结果至少占总结果的 60%。

4. 平衡

SL/ST 评价系统还规定了各要素之间的平衡，除了评价预期结果外，绩效计划还应包括可以反映员工、客户、利益相关者情况的绩效指标。

5. 咨询

SL/ST 评价系统要求 SL/SI 员工需参与绩效计划的开发和制定。

6. 组织评价和指导方针

各部门进行适当的组织绩效评价，并与 SL/ST 人员、各级官员和评审小组沟通评价结果；同时，部门负责人或指定人员应提供一份如何将组织绩效与绩效评价、薪酬支付和奖励流程结合起来的报告。

7. 监督

部门负责人或指定人员有权监督评价结果、薪酬调整和奖励，确保评价结果、薪酬调整和奖励以绩效为基础，促进绩效评价系统有效和高效运行。

8. 培训

各部门需对 SL/ST 员工就计划设计和工作需求等方面进行培训，同时就薪酬政策和绩效评价系统与其进行沟通，包括通知 SL/SL 员工级别、平均薪酬调整和授予的奖励等。

9. 绩效差异

为了对绩效进行有效评价和分级，评价系统对杰出（或相当水平）绩效进行简要介绍。绩效标准还应该描述和考虑到不同的绩效水平。等级划分需显示重要绩效间的差异，而且还应适当地反映组织绩效。

10. 薪酬差异

各部门应基于绩效对员工进行薪酬调整和给予奖励。相对于普通 SL/ST 人员，部门应给予绩效表现杰出的 SL/ST 人员较高的工资水平和其他奖励。薪酬调整和授予奖励必须符合相关监管要求。

（二）SL/ST 评价系统相关要求

完成本部门的 SL/ST 系统的评价后，需要将结果提交给美国人事管理委员会。对于已达到认证资格的部门，应在当前认证期结束前 6 个月前提交认证申请。同时，各部门必须提交评价系统的描述和美国人事管理委员

会指定的 SL/ST 绩效计划复印件与 SL/ST—PAAT 要求的任何其他信息。对于具备 SL/ST 评价系统资格要求的部门，在进行临时认证或第一次提出申请时，其提交的文件必须包含全部 SL/ST 绩效计划的 10%或 20 份计划，以数量较多者为准。对于具备 SL/ST 评价系统资格要求并通过完全认证的部门，SL/ST—PAAT 要求提交的计划数量为全部 SL/ST 绩效计划的 10%或 5 份计划，以数量较多者为准。

二、澳大利亚专业技术人员考核评价

专业技术人员包含了工程师、医生、教师、律师等诸多领域，澳大利亚政府承诺致力于教育系统的完善，将澳大利亚每个孩子能够接受到最优质的教育视为工作的目标。同时，澳大利亚政府也致力于教师队伍的改革和建设。因此，下文期望通过对澳大利亚教师人员考核评价情况进行介绍，以此作为视角反射澳大利亚专业技术人员的考核评价。澳大利亚教育就业和工作关系部（Department of Education Employment and Workplace Relations）制定并实施国家教师职业标准（National Professional Standards for Teachers）。国家教师职业标准将教师分为四个层次：合格级（graduate）、精通级（proficient）、杰出级（highly accomplished）和主导级（lead），以支持教师群体的责任意识，确保教师群体掌握必要的知识和技能。该标准试图通过公开阐明每一层次教师需要掌握的内容，来推动澳大利亚教师教学质量的优化。

（一）澳大利亚教师职业标准简介

澳大利亚教师职业标准是一套新开发的国家级标准，它提供了一个框架，为教师、教育家、教师组织、专业团体和公众之间的专业对话提供了一个共同语言。该标准肯定了技能、知识和实践对于一名教师的重要性，明确了各个层次教师所需要的职业领域内部和外部的知识、技能和个性，指出了教学工作的关键要素，反映了教师原有的和发展中的专业技术、职业志向与成就。

澳大利亚教师职业标准与《墨尔本年轻人教育目标宣言》（Melbourne

Declaration on Educational Goals for Young Australians)① 是一致的，都是在国家和州的层面上为教学与学习政策的战略行动提供一个平台，使教师反思他们的职业能力、识别职业学习需要、决定职业生涯轨迹。并且，鼓励教师在整个职业生涯中都要不断地积极参与教育事业，帮助他们达到更高的职业标准，关注他们为提高学生的知识水平所付出的努力，以使所有澳大利亚学生都能够接受到更优质的教育。

（二）结构

澳大利亚教师职业标准涉及三个相互连接、相互依赖的领域。三个领域分别为：职业知识（Professional Knowledge）、职业实践（Professional Practice）和职业承诺（Professional Engagement）。在实践中，教学活动和这三个领域的各方面紧密相连。教师职业标准在这些领域中说明了教师知识和能力要求的主要部分。描述符解释了教师职业标准对每一级专业能力的意义，从表4—7可见教师职业标准的具体示例。

表4—7　教师职业标准示例②

领　域		
职业知识	职业实践	职业承诺
↓	具体标准	↓
1. 了解学生及其学习方法	1. 制定和执行有效的教学和学习计划	1. 参与职业学习及思考
2. 了解教学内容和教学方法	2. 创造和维护一个安全有利的学习环境	2. 致力于学校事务和职业发展
	3. 就学生的学习情况进行评估、反馈和报告	

① ACHPER. *Melbourne Declaration on Educational Goals for Young Australians.* http://www.achper.org.au/_ _files/f/903/2.pdf，2012/03/25.

② Department for Education and Child Devlopment. *National Professional Standards for Teachers.* http://www.decd.sa.gov.au/hrdevelopment/pages/workforcedevelopment/NPST/?reFlag=1，2012/03/27.

续表

描述符
参考职业能力级别标准

（三）职业知识（Professional Knowledge）

教师应知道并理解自己所教授科目或学科的基本思想、原则和结构，将其与其他领域相结合，并且确信信息通信技术对学习的支持和促进。此外，教师还应利用职业知识对不断变化的教育环境和每个学生的需求做出响应。教师应深刻了解自己的学生，包括学生在各个发展阶段的身体、智力和情绪特点；对教学和学习产生影响的社会、道德、信仰和学生的特殊学习需求。同时，他们需理解并重视在学校、家庭和社区之间建立紧密连接的重要性。

（四）职业实践（Professional Practice）

教师应努力营造一种“知识是有价值的”学习气氛并为学生维持一种安全、专注和具有挑战性的学习环境。他们能够有效地控制教学和学习周期的所有阶段，包括：制定学习计划，评估学习计划，对学生的学习提供教导、评估和反馈，向合作伙伴或支持者提供反馈报告等。他们能够利用各种教学方法和资源来帮助学生获得最大的学习效果，并通过分析学生的表现来改善自己的教学实践。同时，教师应具备和学生、同事及家长进行有效沟通的技巧。

（五）职业承诺（Professional Engagement）

教师应持续反思、评估和改善他们的职业知识与实践。他们致力于从个体和集体的角度来教授专业知识，以促进和提高他们的知识水平与实践。通过持续为学校、范围更大的社区和职业领域做贡献，来支持学生和同事的学习与健康发展。

（六）描述符（Descriptors）

描述符是对每个标准的具体介绍。这些描述符还提供了教师在整个教学生涯中都要掌握的所有专门知识。同时，它们还描述了教师应能展示的每个标准，并简要地介绍了在特定环境利用其职业知识、技能和特长的教师职业行为。

（七）职业能力级别标准（Levels of Professional Capability）

专业技术水平方面的标准明确了教师从业人员应达到的水平。职业认可和认证能有力地激励所有坚信职业学习能帮他们达到较高标准的教师。教师职业能力共分四级，是教师用来规划和评估职业学习与实践的基础。任何教师都必须达到合格级和精通级标准，获得杰出级和主导级水平认证则更佳（见图4—7）。

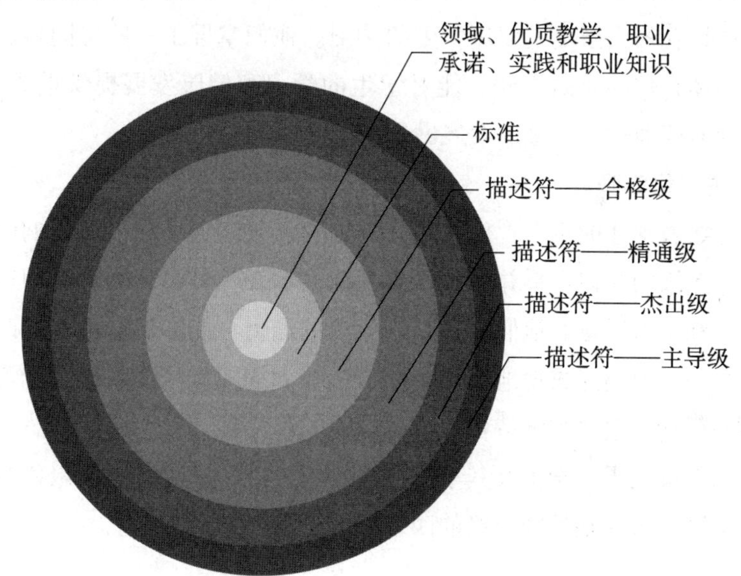

图4—7 职业能力级别标准[①]

---

① Department for Education and Child Devlopment. *National Professional Standards for Teachers*. http：//www. decd. sa. gov. au/hrdevelopment/pages/workforcedevelopment/NPST/?reFlag=1，2012/03/27.

1. 合格级教师

合格级教师具备合法资质，符合临时注册教师的所有要求。他们拥有必要知识、技能、价值观和态度来有效计划与管理学习，他们对于作为专业教育者的自己和作为知识学习者的学生有较高期望。承诺、热情和人际方面特征能使合格级教师在学校与更大的社区范围内发挥其专业优势，从而促进学校或社区形成一个有机整体。

2. 精通级教师

精通级教师具备丰富的职业知识、成功的教学实践，并能有效处理职业问题。他们符合该教师职业标准的要求，是职业教学团体中的一员，能够与同事、学生和家长或支持者有效互动。

3. 杰出级教师

多才多艺是杰出级教师的突出特征。这是因为他们对教学内容、教学方法和自己的学生有具体深刻的理解，而且能够不断加深这些了解，并应用这些知识在最大限度上促进学生的学习。他们掌握了一些与同事、伙伴和社区团体合作的有效方法，能对学生的学习和健康发展提供重要支持，进而能够对职业教学领域的发展做出积极的贡献。

4. 主导级教师

主导级教师才能过人，他们在教学内容、教学方法和学习影响因素方面拥有专家级的知识水平并能及时掌握前沿的知识信息，能够运用这些来提高教学和学习质量。他们具备影响他人的能力，能够促进他人的改善和进步。另外，他们能成功地领导有助于学校和职业领域的教学、学习和健康发展的行动，建立和维持各种建设性的职业关系。

下面仅仅以了解学生及其学习方法为出发点，通过每一层级六种具体表现的不同，来区别教师分级的四个不同层次（见表 4—8）。

表 4—8　教师了解学生及其学习方法的四个层级①

	合格级	精通级	杰出级	主导级
1	知道和理解包括土著学生在内的学生的社会和文化背景的多样性。他们理解这些会对学生的学习产生影响。	知道和理解包括土著学生在内的学生的社会和文化背景的多样性，知道如何将其应用于学生的学习。	从理论和实践上了解包括土著学生在内的学生的社会和文化背景对学习产生什么样的影响，知道如何在教学中考虑到学生背景。他们知道怎样与同事有效分享这些知识。	知道如何收集包括土著学生在内的学生的社会和文化背景信息，并有选择地将这些信息应用于实践。他们懂得如何让校内外同事明白从理论和实践上深入了解学生背景对学习的影响是一件重要的事，而且支持同事将其应用于教学实践。
2	知道和理解有关学生发展与学习的主要研究。	知道和理解学生如何学习，积极地更新知识，知道如何将这些知识应用于他们的教学。	知道如何分析关于学生如何学习的主要研究，并将相关研究应用于教学。	知道如何评估学生学习情况的主要研究，以及如何将这些研究应用于他们的教学。他们知道如何向校内外同事提出建议，如何将这些知识应用于实践。
3	了解并理解学生的发展特征（例如认知的、社交的、情绪的、身体的和精神的）以及这些知识对于教学和学习的意义。	了解学生的发展特征和这些知识对于他们的教学与学生学习的意义。	了解学生在学习的不同阶段的发展特征，知道如何识别和解决学生在不同发展阶段的学习需求。	了解学生的典型发展特征，知道如何识别学生在不同阶段的学习情况，以及如何将这些知识与实践结合。他们知道怎样与同事有效分享这些知识。

① Department for Education and Child Devlopment. *National Professional Standards for Teachers*. http：//www. decd. sa. gov. au/hrdevelopment/pages/workforcedevelopment/NPST/?reFlag = 1，2012/03/27.

续表

	合格级	精通级	杰出级	主导级
4	了解一些确定学生原有学习、技能、兴趣和学习障碍的战略，理解如何在教学计划中运用这些知识。	了解每个学生对于当前所教授的科目和读写能力、计算能力和信息通信技术的掌握水平，以及这些知识对于他们教学计划的意义。	了解一些关于学生对当前所教授科目的掌握水平的合理可靠的评估方法，包括读写能力、计算能力和信息通信技术，并知道如何将这些知识与职业实践结合。	了解一些评估学生对于当前所教授科目的掌握水平的合理可靠的战略，包括读写能力、计算能力和信息通信技术，并知道如何将这些知识与实践结合。他们能发起带动校内外同事共同分析学生的知识掌握水平，并思索教学实践的意义的活动。
5	了解并理解学生如何开发读写能力与计算能力的理论基础，理解读写能力和计算能力对于巩固学习的支持性作用。	了解并理解学生如何开发读写能力和计算能力的理论基础，如何利用这些知识来支持学生的学习。	了解并理解学生如何开发读写能力和计算能力的理论和实践基础，如何用这些知识来促进学生的学习。他们知道如何支持同事来扩展知识和将知识应用于教学实践。	深刻了解并理解学生如何开发读写能力和计算能力的理论与实践基础，并且理解如何将其与实践结合，为学生提供更有效的学习方法。他们知道如何在校内外和同事进行该领域的变革。
6	知道而且能够解决所有学生的学习需求，包括那些有天赋、有能力的学生的需求和那些能力不足、条件不利的学生的需求。	了解并理解学生的个别兴趣和学习需求，包括那些有天赋、有能力的学生的需求和那些能力不足、条件不利的学生的需求。他们知道如何运用这些知识来选择能够鼓励不同需求特点学生学习的活动。	了解并理解如何确定所有学生的兴趣与学习需求，包括那些有天赋、有能力的学生的需求和那些能力不足、条件不利的学生的需求。他们知道如何运用这些知识来开展相应的激励和支持学生学习的计划。	了解并理解各种确定学生的兴趣和学习需求的方法，包括那些有天赋、有能力的学生的需求和那些能力不足、条件不利的学生的需求。他们知道如何运用这些知识来开展相应的激励和支持学生学习的计划。他们知道推动此类教学方法对校内外教师的教学工作都具有同样的重要性。

第四节　企业管理人员考核评价

一、韩国企业管理人员考核评价

（一）韩国企业人事评价制度概况

在韩国，企业人事评价制度即为绩效评价制度（Performance Appraisal System），它是一项评价公司员工工作能力和绩效贡献的制度。

目前韩国各企业中实行的绩效评价制度也被称为“业绩评价”(61.1%)，“业绩评估”(57.2%)、“能力考核”(51.1%)、“能力评估”(46.7%)、“目标管理”(46.1%)等。特别是在韩国大企业中，将绩效评价制度称为“业绩评价”的有70.4%，称为“能力考核”的有58.3%，称为“目标管理”的有49.1%。在韩国中小企业中，将之称为“业绩评估”的有63.9%，称为“能力评估”的有54.2%。

韩国企业绩效评价制度的适用对象中，首先是“专业人员”为68.2%，占最大比重；其次是占11.2%的“除高管人员外的管理阶层”；“包括高管人员的管理阶层”占8.4%；“其他”占7.2%；“一般公司职员”占5%。而生产性公司职员并不在绩效评价制度的适用对象范围内。

1. 韩国企业绩效评价制度的种类和内容

从绩效评价制度的种类来看，“业绩评价+能力评价”（43.2%）、“业绩评价+能力评价+态度评价”（40.3%）等混合型评价制度的使用频率远远高于“业绩(7.4%)、能力(9.1%)”等单一型评价制度。

从绩效评价的实行次数上来看，工作业绩评价为“一年1次”的占55.1%，“一年2次”的占34.1%；工作能力评价为“一年1次”的占61.9%，“一年2次”的占23.9%；工作态度评价为“一年1次”的占33.0%等。在绩效评价的实行次数方面，85%以上的韩国企业进行工作业绩评价、工作能力评价的频率分别为“一年1次”和“一年2次”。

2. 韩国企业能力评价体系的构成和使用现状

从绩效评价表的分类方式来看，“按职位级别（1级、2级……）或一般公司职员、管理层等形式分类进行评价”（52.3%）、“按职业类型（生产类、行政类、营业类等）分类进行评价”（50.8%）等方式，主要是考虑到职业类型和职位级别的特征，进而制作出适当的评价表并加以使用的。

管理人员能力评价项目主要包括“领导能力”(76.4%)、“职业相关专业知识”(75.3%)、“解决问题的能力”(73.6%)、“工作态度”(73.0%)、“目标达成能力”(68.4%)、“培养下属的能力”（64.4%)、“人际协调能力”(52.3%)、“制定战略的能力”(49.4%)等。

能力评价项目的选定方式主要包括“职业调查分析”（39.5%)、“外部专家建议”(19.8%)、“参考他公司范例”(18.0%)等方式。

评价方法的选择方面，主要有“主管考评”（82.0%)、“自我考评”(55.1%)、“下属考评”(28.7%)等方式。

评价结果的处理方式主要有“晋升”（57.8%)、“人才培训”(39.1%)、“能力开发”(35.9%)、“调整年薪”（34.4%）等方式。

（二）韩国企业干部评价

韩国企业干部评价主要是对高级管理人员的考核评价。所谓高级管理人员是对公司盈亏负责、行使公司经营管理职能的高层管理人员。高级管理人员包括公司董事、总监以及其他常务理事等。

在韩国的中小型企业中，高级管理人员发挥着重要作用，并且随着企业规模的变化，其发挥的作用类型和侧重点也有所不同（见表4—9)。

表4—9 企业规模与高管人员作用的关系①

企业规模	发挥作用排序
40人以下	实务性作用>战略性作用>管理性作用

① Korean Ministry of Labor. Results of Survey on Yunbongje and Profit Sharing (In Korean). *Executive summary report*. http://www.molab.go.kr/, 2012/04/03.

续表

企业规模	发挥作用排序
40—100 人	管理性作用>实务性作用>战略性作用
100—150 人	战略性作用>管理性作用>实务性作用

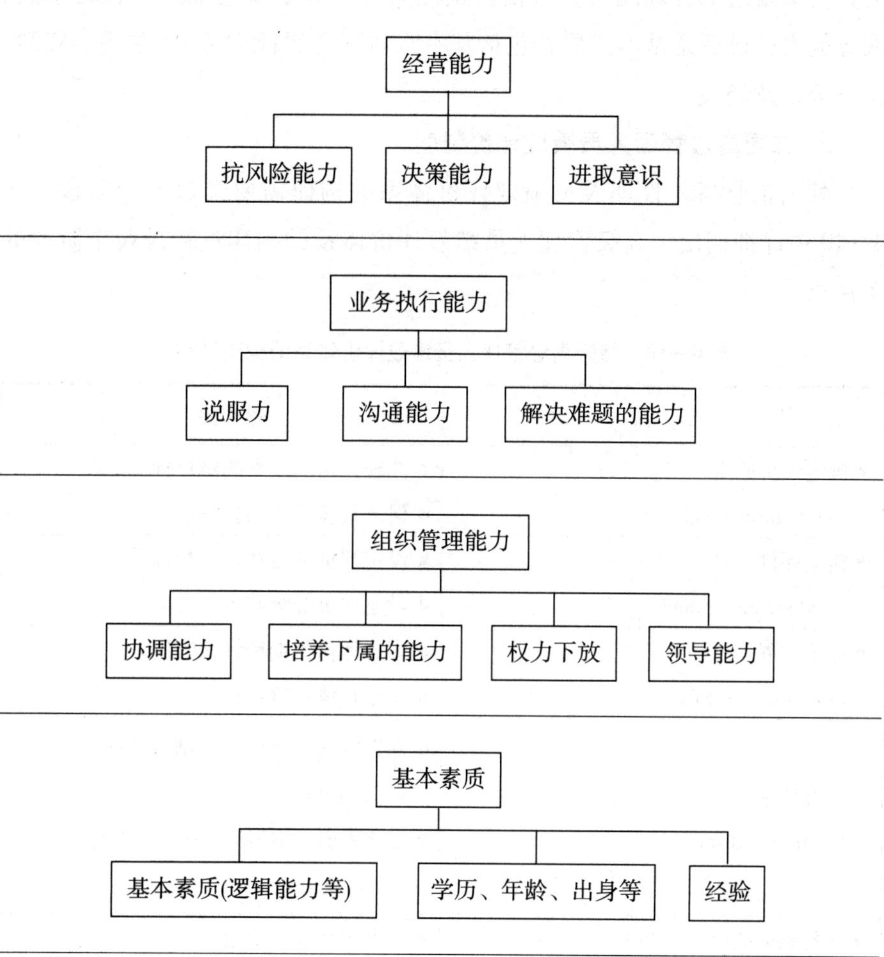

图 4—8　韩国高级管理人员应具备的素质和能力①

① Samsung Economic Research Institute. Analysis of HR Competencies and Trend in Korean Firms （In Korean）. *Executive summary report*. http：//www.seriworld.org/07/wld-Ceomsg.html，2012/04/03.

1. 韩国高级管理人员应具备的素质和能力

为了经营好企业，韩国企业认为高级管理人员应具备一些基本的素质和能力（见图 4—8）。首先是经营能力，包括抗风险能力、决策能力、进取意识；其次是业务执行能力，包括说服力、沟通能力、解决难题的能力；再次是组织管理能力，包括协调能力、培养下属的能力、权力下放、领导能力；最后是基本素质，包括基本素质（逻辑能力等）、学历、年龄、出身等以及经验。

2. 韩国高级管理人员绩效评价制度

韩国企业高级管理人员绩效评价体系的构建需要经过 5 个阶段，表 4—10 中详细列出了高级管理人员绩效评价体系的构建过程及每个阶段的关注点。

表 4—10　韩国高级管理人员绩效评价体系的构建过程[①]

阶　段	操作要点
• 确定评价原则 (Performance Philosophy)	■ 体现公司的人事战略目标 ■ 保证其客观性和公正性
• 建立评价体系 (Performance Framework)	■ 设定评价项目和评价指标 ■ 设定评价等级和评价方法
• 评价过程 (Performance Process)	■ 设定评价周期和评价时间 ■ 设定具体评价过程
• 评价结果运用 (Output Utilization)	■ 薪资收入与绩效评价结果并轨 （考薪挂钩） ■ 做出晋升/调任等相关人事调动 （考职挂钩）
• 评价制度的公开和教育 (Result Communication)	■ 公开最新评价制度 ■ 集思广益，保证客观性及公正性

① Korean Ministry of Labor. Results of Survey on Yunbongje and Profit Sharing (In Korean). *Executive summary report*. http：//www. molab. go. kr/，2012/04/03.

韩国高级管理人员评价制度以结果为导向，在设计时遵循 SMART 原则。其中，S 代表明确性（specific），即要集中说明要达到的具体目标，并将其明确地传达给相关人员；M 代表可衡量性（measurable），即有衡量目标是否达成的具体标准；A 代表可达成性（achievable），即要设定一个既现实可行又富于挑战性的目标；R 代表结果导向性（result-oriented），即以明确的目标为基准，强调结果；T 则代表时限性（time-bounded），即明确达到目标的时间限制。

3. 韩国高管人员薪酬体系和绩效评价体系的结合

韩国企业将高管人员薪酬体系分为基本年薪、短期激励和长期激励三大块，并且和绩效评价体系紧密结合（见表 4—11）。

表 4—11　韩国高管人员薪酬体系和绩效评价体系的结合①

薪酬体系	评价体系	主要内容
基本年薪	公司评价	实现评价制度从以量为主到以质为主的转变（分为 A、B、C 类 3 个等级） • 体现成长性（资产、销售）、收益性（EVA）等
短期激励	个人评价	实现绩效评价（70%）、能力评价（30%）的二元化 • 绩效评价：引入 MBO 考评制度 • 能力评价：评价规划能力、领导能力、人际协调能力及对全球化、信息化的应对能力等
长期激励	公司业绩+个人考评	建立薪酬委员会，负责高管人员的考评及薪酬相关工作 • 在召开定期股东大会之前，以董事会为中心建立薪酬委员会 • 评定公司业绩好坏，确定分红对象及数额，以确保权证费的支付

韩国企业认为十分有必要建立一种绩效管理体系，从绩效和能力两个方面来对高管人员进行绩效评价，并综合考虑各评价要素的特性，将评价结果与薪酬水平结合起来。表 4—12 体现了评价要素与薪酬要素在实践中是如何结合的。

---

① Korean Ministry of Labor. Results of Survey on Yunbongje and Profit Sharing (In Korean). *Executive summary report*. http://www.molab.go.kr/, 2012/04/03.

表 4—12　高级管理人员薪酬体系评价与薪酬的结合①

	股东价值指标	业绩指标	能力指标	其　他
评价要素	• TSR • EPS	• 财务健全化 • 客户满意度 • 进程的效率 • 组织能力强化	• 共同能力 • 个别能力	• 职务轻重（职位高低） • 年资
薪酬要素	长期激励	短期激励		
			基本薪金	
				福利保险

二、日本企业管理人员考核评价

在日本，中小企业普遍实行《JK 式人事评价制度》。② 日本企业管理人员的考核评价也多依据该制度。

（一）日本企业人事评价制度的目的和制定程序

1. 人事评价的目的

日本企业的“人事评价”可以理解为人力资源管理中的绩效评价，是为了收到更好的工作效果而对下属的工作表现（能力、行动等）和工作成果进行评价，认识并使其发挥优点、指出其不足和缺陷的活动，是管理者必须进行的管理活动。其目的是通过培养人才与鼓励员工增长灵活运用能力，来提高企业的绩效，而不是单纯地为了评定薪酬和奖金才进行的评价活动（见表 4—13）。

---

① Korean Ministry of Labor. Results of Survey on Yunbongje and Profit Sharing (In Korean). *Executive summary report*. http://www.molab.go.kr/, 2012/04/03.

② 株式会社人事教育研究所. 中小企業のためのJK 式人事評価制度. http://www.sabcd.com/23jk-hyouka/index.htm, 2012/04/16.

表4—13　日本企业人事评价的目的[①]

人事评价的目的	
1. 公正地评价指导→高素质职员会增加 2. 高素质职员增加→公司业绩会上升 3. 公司的业绩提升→职员的待遇会越好 4. 职员的待遇变好→充满活力与干劲地工作 5. 充满活力与干劲地工作→职员更能得到锻炼	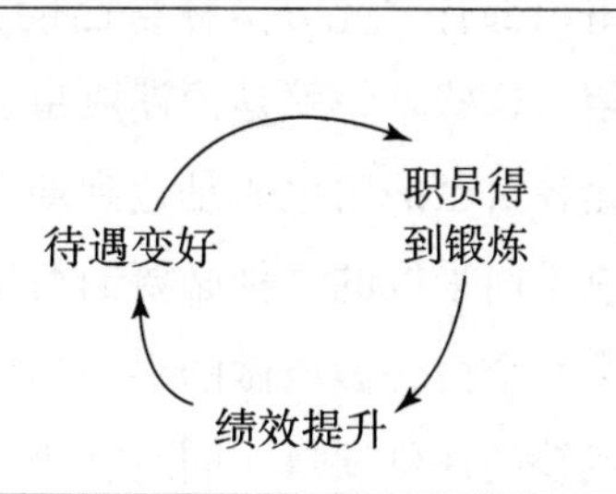

2. 制定人事评价制度的程序

在明确人事评价制度目的的基础之上制定人事评价制度，还必须明确以下几点：即评价什么、什么时候、由谁来评价、如何评价以及如何衡量评价结果（见表4—14）。

表4—14　日本企业人事评价制度制定要点[②]

1. 评价什么	评价项目、评价基准
2. 什么时候、由谁来评价	评价期限、评价者和被评价者的区分
3. 如何评价	评价方法、评价规则
4. 如何衡量评价结果	评价的标准

（二）日本企业人事评价的项目

1. 人事评价项目的选定

人事评价项目需要明确的是，公司对职员、上级对下级的期待。也就是说，为了不断提高社会价值、提升业绩，需要明确的被期待实现的内

① 株式会社人事教育研究所. 中小企業のためのJK式人事評価制度. http://www.sabcd.com/23jk-hyouka/index.htm，2012/04/16.

② 株式会社人事教育研究所. 中小企業のためのJK式人事評価制度. http://www.sabcd.com/23jk-hyouka/index.htm，2012/04/16.

容，就是评价项目。

关于这些预期目标，可以从以下几个方面进行理解。首先，无论任何组织都有“充分诠释自己的角色”或者说“希望达到期待的结果”的希望。这些希望就是预期成果，是不容易遗漏的评价项目。其次，为了充分诠释自己的角色或是达到期待的结果，必须要采取相应的行动。为了取得成果而采取的这种必要的行动，称为预期行动。这种为了得到高成果而想全心全力去做该做的事的预期行动，在开发能力和提升业绩方面，是不可或缺的评价项目。同时，为了施行预期行为，需要具备能够驾驭它的知识和技能。当然，即便是一个组织，也希望其自身拥有更多知识，锻炼更多技能。因此，知识和技能也被列入了评价项目。最后，作为组织一员，理应遵守的规律性和协调性等也越来越必要（见表4—15）。

表4—15　日本企业人事评价的项目①

项　目	期　待	必要性
预期成果	希望得到预期成果	必须
预期行动	为了得到高成果而希望全心全力去做该做的事	必须
知识和技能	为了施行预期行为，希望拥有更多知识、锻炼更多技能	依情况而定
工作态度	作为组织成员，希望有与之相适合的工作态度	依情况而定

其中，知识和技能的项目，包含了促进职员能力开发的含义。特别是对青年员工、低层员工来说，知识和技能项目很有必要。但考虑到高层职员已经具备了一定程度的知识和技能，所以他们是不会偏离项目要求的。同样，工作态度项目对掌握职场规律和提升协调意识十分重要。但是，高层职员通常已经具备了这种能力，所以他们可以不用评价这个项目。

2. 预期成果的评价要素

预期成果的评价是明确期望并评价其达成的可能性。这种期待可明确划分为两部分：工作职责和自我目标。工作职责和自我目标是根据职员所属部门、职位或级别而分别设定的（见表4—16）。

① 株式会社人事教育研究所. 中小企業のためのJK式人事評価制度. http://www.sabcd.com/23jk-hyouka/index.htm，2012/04/16.

表 4—16　预期成果的评价要素①

评价要素	内　容	
工作职责	作为组织的一员，对被派给任务达成的可能性进行分析。具体来说，最初面试时就要向上司确认自己所被期待要扮演的角色、工作内容及水平。然后把确认的内容记录在评价表中“作用明细”这一栏，并判定这些内容的实现程度。	上司的要求
自我目标	为了达到公司或者部门的目标，下属在主动征询上司意见的基础之上，对所负责的业务中特别重要的需要努力的工作、需要改善的项目及其标准进行设定，记录在评价表的“自己目标”栏里，并判定自我目标的达成程度。	下属的自主性

进一步而言，关于预期成果的评价要素，这里笼统地用“工作职责”这一要素来概括。也可采用把任务分解成具体目标的评价方法。同时，也可以把“工作职责”这一部分简化，以“工作的量”、“工作的质”或者“工作成果”、“工作的改善”为要素来进行考核（见表 4—17）。

表 4—17　预期成果评价要素的分解②

	易引入的方法	更严格的方法	更简化的方法
预期成果的任务	将任务作为一个整体，从一开始就记录下其功能明细。	对任务再分解，各自以目标的形式记录下来。	把任务从量或质的侧面来评价。任务的明细不做特别记述。
目标的思考方法	致力于所负责的业务中最为重视的课题或者需要改善的项目，同时强调本人的自主性。	为了达到组织目标，致力于必须做的工作，优先考虑上级的期待。	以本人的想法或上级的期待为基础的能力开发为中心。
评价表	提供标准的样本。	提供目标管理并用的样本。	提供简易的样本。

---

① 株式会社人事教育研究所. 中小企業のためのJK 式人事評価制度. http：//www.sabcd.com/23jk-hyouka/index.htm，2012/04/16.

② 株式会社人事教育研究所. 中小企業のためのJK 式人事評価制度. http：//www.sabcd.com/23jk-hyouka/index.htm，2012/04/16.

3. 预期行动的评价要素

不同的部门、部署或职位，其职能性质也不同。同样，预期行动也因部门、部署或职位的不同而不同。为了使预期行动的管理和评价更为简便可行，日本企业将工作职责和预期行动以相近的“部门或部署”、“层次或职位”来进行分组。具体分组由各自所处的社会状况而定，根据层次不同可分为初级、中级（指导监督职能）、高级（管理层）三个层次。高级职位（管理层），不以工作种类为标准，而是根据职务设定为科长、部长和专业职务来划分。初级和中级的每个层次，设定了营业或制造、事务管理、技术等不同的分工（分工的种类，除上述之外，也会依据社会状况而拟定）（见表4—18）。

表4—18　分组情况示例①

<table>
<tr><td></td><td colspan="6">根据职务（功能）来划分</td></tr>
<tr><td>高级职位
（管理层）</td><td colspan="2">部长</td><td colspan="2">科长</td><td colspan="2">专业职务</td></tr>
<tr><td></td><td colspan="6">根据分工来划分</td></tr>
<tr><td>中级职位
（指导监督曾）</td><td>营业部</td><td>制造部</td><td>技术开发部</td><td>事务管理部</td><td>物流部</td><td>工程部</td></tr>
<tr><td>初级职位</td><td>营业部</td><td>制造部</td><td>技术开发部</td><td>事务管理部</td><td>物流部</td><td>工程部</td></tr>
</table>

4. 知识和技能的评价

知识和技能指的是“全力施行预期行动所需的知识和技能”，而不是指学历。而且，要是只有知识和技能而不能将其灵活运用到工作上的话，也不能将其作为评价的内容。日本企业评价的是能够帮助完成预期行动并能应用在实际工作中的知识和技能。

5. 工作态度的评价要素

工作态度评价是提升组织环境的一个重要项目。关于工作态度的评价

① 株式会社人事教育研究所. 中小企業のためのJK式人事評価制度. http://www.sabcd.com/23jk-hyouka/index.htm，2012/04/16.

要素，大多数企业都在使用的一般性的内容包括经营意识、责任性、协调性、积极性和规律性等（见表4—19）。

表4—19　工作态度的评价要素①

划　分	工作态度的评价要素			
高级职位	经营意识	责任性	协调性	积极性
上述之外	规律性	责任性	协调性	积极性

6. 人事评价项目及要素一览表

以上所述的企业管理人员的评价项目及要素，可以用一览表予以总结（见表4—20）。

表4—20　人事评价项目及要素一览表②

项　目	要　素	层　次		
		高级职位	中级职位	初级职位
预期成果	任务	○	○	○
	自我目标	○	○	○
预期行动		因职位而定	因工作种类而定	因工作种类而定
知识·技能		○	○	○
工作态度	经营意识	○		
	规律性		○	○
	责任性	○	○	○
	协调性	○	○	○
	积极性	○	○	○
注：○代表需要评价的要素				

① 株式会社人事教育研究所. 中小企業のためのJK式人事評価制度. http://www.sabcd.com/23jk-hyouka/index.htm，2012/04/16.

② 株式会社人事教育研究所. 中小企業のためのJK式人事評価制度. http://www.sabcd.com/23jk-hyouka/index.htm，2012/04/16.

第五章
职业资格标准

职业资格制度作为目前国际上较为通行的一种专业技术人员管理制度，起源于发达国家。职业资格制度注重专业技术人员的知识、能力、态度等因素，有助于规范行业从业者的行为，促进市场经济有序向好的发展。因此，我们选取美国、新加坡、韩国、日本和加拿大等国家的职业技能标准加以介绍，希望能够对我国职业资格制度的建设有所启示。

第一节　基本职业技能标准

职业资格是对从事某一职业所必备的知识、技术和能力的基本要求。目前我国的职业资格包含从业资格和执业资格。从业资格是指从事某职业所必须具备的学识、技术和能力。执业资格是指政府对某些责任较大、社会通用性强、关系公共利益的职业实行准入控制，是依法独立开业或从事某一特定职业知识、技术和能力的必备标准。各国政府对职业资格制定了很多有效的标准。本节介绍部分国家的经验，以期能够为我国的资格标准体系建设提供新的思路和方法。

一、美国基本职业技能标准

1990年美国决定成立由来自商界、学界、工会和家长联盟共30名代表组成的“促进必要技能委员会”（Secretary's Commission on Achieving Necessary Skills，简称SCANS）。该委员会通过分析研究未来工作场所的要求，最终形成了一个高绩效工作场所需要而且学校能够提供的技能列表。该列表中包含高效员工所应掌握的3项基本技能和5项胜任素质（见

表 5—1、表 5—2)。

表 5—1　基本技能①

基本技能维度	具体内容
基本能力	读 写 计算 数学 听 说
思维能力	创造性思维 制定决策 解决问题 从理性视角看问题 学习能力 推理能力
个人品质	责任 自尊心 社会心态 自我管理 正直/诚实

表 5—2　胜任素质②

胜任素质维度	具体内容
资源	时间安排 安排资金使用 分配材料和设施等资源 配置人力资源

① U. S. Department of Labor. *Secretary's Commission on Achieving Necessary Skills*. http：//wdr. doleta. gov/SCANS/，2012/04/25.

② U. S. Department of Labor. *Secretary's Commission on Achieving Necessary Skills*. http：//wdr. doleta. gov/SCANS/，2012/04/25.

续表

胜任素质维度	具体内容
信息	获取、评估信息 规划并维护信息 理解、传达信息 使用计算机加工信息
人际关系	参与团队合作 指导他人 服务于客户 领导能力 磋商并做出决定 协调文化多样性
系统	理解系统 监督并更正工作表现 改进、设计系统
技术	选择技术 应用技术去完成任务 对技术进行维护和纠错

由于篇幅所限，我们仅从五项胜任素质中选取“时间安排”、“磋商并做出决定”，从三项基本技能中选取“创新性思维”和“责任”加以介绍，以便对这些基本技能和胜任素质有所了解。

（一）时间安排

1. 定义

时间安排包括正确地识别待完成的任务，按照任务重要性将它们排序，根据重要性、完成时间、可用时间、最终期限等因素对这些任务进行准确评估，制定有效的、切实可行的计划表，避免浪费时间，准确预计可能出现的特殊情况并调整计划表。

2. 等级

依据是被动地接受简单任务还是主动去处理复杂任务的态度，委员会将时间安排划分为 5 个等级（见表 5—3）。

表 5—3　时间安排等级划分①

等级	内　容
5	在项目进行的过程中协调活动时间，为实现组织效果或利益对复杂的计划表进行必要的调整。
4	为项目或任务进程设立最终期限和任务计划表，包括需完成的各种工作任务，如有必要需评估并调整计划表。
3	为组织内的其他人工作任务设立最终期限和任务计划表，以实现团队功能或者利益；确定组织任务的重要性和连续性。
2	确定任务的连续性和重要性；根据需要调整任务的顺序和时间，以保证按期完成并达到预期效果；展望未来，根据需要调整任务时间和运行速度。
1	按照规定顺序完成自己的任务，高效利用时间提高效率。

（二）磋商并做出决定

1. 定义

磋商并做出决定，包括研究冲突和以往分歧，设定切实可行的目标，列举事实并展开讨论，听取对方意见并提出应对策略，阐明问题解决冲突，提出可验证的合理方案并进行合理调解，根据事件或者意见做出调整。

2. 等级

根据简单协商、低程度控制以及复杂协商、较高程度控制的二维划分标准，委员会将“磋商并做出决定”这一基本能力划分为 5 个等级（见表 5—4）。

① U. S. Department of Labor. *Secretary's Commission on Achieving Necessary Skills*. http：//wdr. doleta. gov/SCANS/，2012/04/25.

表 5—4　磋商并做出决定的等级划分①

等级	内　容
5	开展磋商并制定达成共识的长期目标决议。
4	开展一系列磋商制定短期目标，“站在别人的角度看问题”并理解对方的立场。
3	与群体磋商，制定切实可行的目标；提出合理调解方案。
2	通过与其他同事或管理者协商讨论，做出决定。
1	能够主动理解对方的立场或观点。

（三）创新性思维

1. 定义

创新性思维包括熟练地运用信息资源，通过新方法将创意和信息进行整合，善于将表面上无关的信息联系在一起，如出现其他可能性可以及时重新制定目标。

2. 等级

根据是程度较低的改革创新还是程度较高的改革创新，委员会将创新性思维划分为 5 个等级（见表 5—5）。

表 5—5　创新性思维②

等级	内　容
5	制定初步的方案或决议解决重大问题或完成重大目标；倾听领导和同事从其他领域或事务的角度发表的想法和提出的建议。
4	为建议或项目在实施转化过程中遇到的特定问题制定初步的方案或决议；引导其他人员针对一系列方案的实施进行讨论并提出意见。

① U. S. Department of Labor. *Secretary's Commission on Achieving Necessary Skills*. http：//wdr. doleta. gov/SCANS/，2012/04/25.

② U. S. Department of Labor. *Secretary's Commission on Achieving Necessary Skills*. http：//wdr. doleta. gov/SCANS/，2012/04/25.

续表

等级	内　容
3	整合其他领域的意见建议，围绕既定目标或主题提出多种思路，并独立提出自己的见解。
2	破除先入为主的观念，能够用新方法去转化实施来自其他领域的思路意见；参与他人提出的意见讨论；不会就当前意见草率的下结论。
1	能够整合其他领域或事务中的意见，解决紧急事件达到特定目标；只是被动的遵循正式提出的目标或者指导方针。

（四）责任

1. 定义

责任是指努力工作，坚持不懈地实现目标；以高标准的要求出色完成任务，注重细节，即便被分配给不喜欢的工作也能表现出极大的专注热情；完成任务过程中严格遵守出勤及作息时间，乐观并积极主动。

2. 等级

根据是被动还是主动的态度，委员会将责任划分为 4 个等级（见表 5—6）。

表 5—6　责任①

等级	内　容
4	持续努力地实现目标；以高标准的要求出色完成任务，注重细节，即便被分配给不喜欢的工作也能表现出极大的专注热情。
3	接受任务，承担相应工作结果的责任，积极主动地完成目标；对于尚未完成的目标能够付出额外的必要努力。
2	明确并承担自己工作结果的责任；积极主动付出一定的努力实现团队目标，经常向管理者汇报任务进展。

① U. S. Department of Labor. *Secretary's Commission on Achieving Necessary Skills*. http：//wdr. doleta. gov/SCANS/，2012/04/25.

续表

等级	内　容
1	遵守工作场所关于出勤、作息时间的基本要求，态度端正，致力于完成任务；清楚地知道应向管理者汇报哪些责任和问题。

二、新加坡基本职业技能标准

工作技能系列（Workplace Skills Series，简称 WPS）是新加坡劳动力技能鉴定资格标准（Workforce Skills Qualifications，简称 WSQ）的组成部分，由新加坡通用技能开发部门（Generic Skills Development Division）制定和实施。工作技能系列主要是从职业水平的运营和管理两个方面展开，具体实施时既可以针对员工的单项薄弱环节制定培训计划，也可以形成系统完整的培训体系。工作技能系列具体包括基础能力、分析评估概念化能力、人际交往能力、自我管理和开发能力、工作安全技能等内容（见表 5—7）。

表 5—7　工作技能系列①

工作技能	目　标	内　容
基础能力	在信息和通信技术的协助下，能够使用基本的通信技术工具、设备、软件在工作中处理信息，生成相应种类的文件	• 具备理解信息概念的能力，掌握通信技术 • 会使用计算机并能够管理文件 • 能够浏览网页 • 会文字处理功能 • 会电子表格功能 • 会数据库功能 • 会呈递功能 • 会高级文字处理功能 • 会高级电子表格功能 • 会高级数据库功能 • 会高级呈递功能

① Generic Skills Development Division. *Employability Skills - Workplace Skills Series*. http：//app. sgdi. gov. sg/listing. asp？ agency_ subtype = dept&agency_ id = 0000012707#, 2012/04/25.

续表

工作技能	目 标	内 容
分析评估概念化能力	学会制定行之有效的创新方案来解决工作问题，提高工作效率，抓住新机遇	• 具有主动性和进取心 • 具有促成团队合作的主动性和进取心 • 在操作层面解决问题并做出决定 • 在管理层面解决问题并做出决定 • 可以开展基本的工作 • 应用现场管理方法 • 应用质量管理系统 • 指导工作改善工作流程 • 指导质量管理程序
人际交往能力	学会在不同的团队环境中有效地与他人交流及工作	• 在工作环境中高效的与人交流 • 营造高效交流的工作环境 • 团队合作 • 提高团队工作效率
自我管理和开发能力	学会适应新的工作环境	• 在操作层面提高个人工作效率 • 在管理层面提高个人工作效率 • 在操作层面将个人特点和工作相结合 • 在管理层面将个人特点和工作相结合 • 在工作场所里自我调节个人情感 • 在团队中自我调节个人情感 • 具备应变能力 • 提高团队的适应能力
工作安全技能	学会在安全工作环境中养成健康安全行为的习惯	• 遵守工作场所的安全健康规定和程序 • 维护工作场所安全健康规定和程序

三、韩国基本职业技能标准

韩国职业技能标准是由韩国劳动部制定和实施，按照其产业部门分类和水平，将工作生产现场所需的知识、技术、素质等内容规范化、体系化后制定的一套标准。韩国职业技能标准制定的法律依据是韩国《资格基本法》。①

① Ministry of Labor and Human Resource Development Services of Korea (HRD Korea). *Korean National Occupational Standard*. http://nos.hrdkorea.or.kr/index.html, 2012/04/02.

（一）制定的原因

韩国制定职业技能标准的原因是因为国家职业技能标准在开发对社会有用的人才过程中起着至关重要的作用（见图 5—1）。

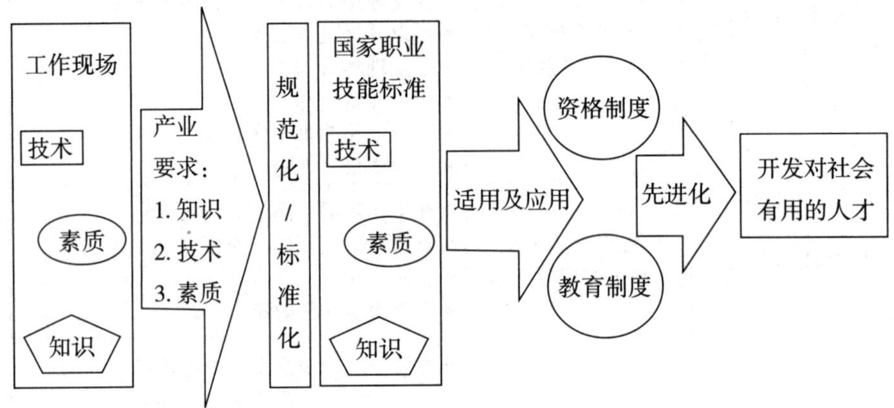

图 5—1 开发对社会有用的人才①

其作用具体可概括为以下 5 个方面：

（1）提高职业资格教育与培训的工作现场适用性。调整职业资格制度以适应职业、职位以及雇佣结构的变化，从而培养出社会需求型人才。

（2）提高教育培训完成者及资格获得者的就业率。培养劳动者的现场工作能力，促进个人的经验开发，进而提高劳动者的就业率。

（3）解决因职业教育培训和职业资格之间的关联造成的重复投资问题。将工作—职业教育培训—职业资格的经营管理一元化、规范化，减少国家的人、财浪费。

（4）促进以工作为中心的终身学习。资格鉴定切实反映工作现场的要求，通过建立资格获得者的考核、采用及报酬体系，能够促进劳动者的终身学习。

① Ministry of Labor and Human Resource Development Services of Korea（HRD Korea）. *Korean National Occupational Standard*. http：//nos. hrdkorea. or. kr/index. html，2012/04/02.

(5) 促进职业资格的国际化。通过工作能力的体系化管理和工作质量的提高，确保职业资格的国际通用性，促进人才输出。

(二) 韩国职业技能标准细则

韩国职业技能标准细则是根据工作领域及工作内容的不同进行分类而得到的（见表5—8）。首先，根据工作领域的不同，韩国职业技能标准可分为农林渔业、纤维、化学及能源、金属材料等16个大类。其次，针对每一大类，根据其工作内容的差异性对职业技能标准又进行了细分。

表5—8 2011年韩国职业技能标准细则①

<table>
<tr><th>大 类</th><th colspan="2">中 类</th><th>小 类</th></tr>
<tr><td rowspan="7">农林渔业</td><td rowspan="4">农业</td><td>农业—种子</td><td>计划能力、生产能力、宣传普及经营管理能力、法律能力</td></tr>
<tr><td>农业—栽培</td><td>水稻作物栽培能力、特用作物栽培能力、蔬菜栽培能力、果树栽培能力、花卉栽培能力</td></tr>
<tr><td>农业—环境</td><td>环境能力</td></tr>
<tr><td>农业—作物保护</td><td>作物保护能力</td></tr>
<tr><td>畜牧业（未开发）</td><td></td><td></td></tr>
<tr><td>林业（未开发）</td><td></td><td></td></tr>
<tr><td>水产业（未开发）</td><td></td><td></td></tr>
<tr><td rowspan="2">纤维</td><td>纤维制造</td><td>纤维</td><td>生产计划/管理能力、纺线能力、纺纱能力、制纱能力、编织能力、染色加工能力、不织布能力、试加工能力</td></tr>
<tr><td>时尚服装</td><td>时尚服装</td><td>基本技能、时尚服装策划能力、时尚服装设计能力、制织服装生产制造、编织服装生产制造、购买生产管理、时尚服装的流通与物流、视觉营销、生产现场管理、服装制造出口营业</td></tr>
</table>

① Korean Ministry of Labor. *Labor Standards Act*. http：//www.ilo.org/dyn/natlex/docs/WEBTEXT/46401/65062/E97KOR01.htm，2012/04/20.

续表

大　类	中　类		小　类
化学及能源	化工（未开发）		
	能源（未开发）		
	危险品（未开发）		
金属材料	金属材料工程		材料设计能力、组织评价及成分分析能力、材料试验能力、无损检测能力
	金属加工	金属加工	基本技能、铸造能力、锻造研发能力、热处理能力、镀金能力、钢管制造能力、再加工能力
	金属材料制造	金属材料制造	基本技能、炼铁能力、炼钢能力、热轧钢能力、冷轧钢能力、非铁金属干式冶炼能力、非铁金属湿式冶炼能力、高炉冶炼能力
	焊接		焊接能力
	涂装、镀金		
	制陶		
机械	机械设计	机械设计	基本技能、设计策划能力（2008 年完善）、机械系统设计能力（2008 年完善）、机械要素设计能力（2008 年完善）、结构说明设计能力（2008 年完善）
	机械装置设置、维护保修		基本技能、管理能力、装备运送及配置能力、设置及组装能力、维护保修Ⅰ（机床、产业机械、运送装载机械）能力、维护保修Ⅱ（农业机械、建筑及矿业机械）能力、附加能力（2002 年开发汽车维修）
	机械加工	机械加工	基本技能、车床加工能力、铣床加工能力、研磨加工能力、计算机辅助制造能力、电火花加工及放电加工能力、机械生产能力、成型加工能力

续表

大类	中类		小类
机械	机械组装、操作	机械组装及操作	手动组装能力、软件能力、硬件及韧体能力
		机械—生产能力	生产管理计划能力、器材管理能力、工序管理能力、生产性管理能力
		机械—质量保证	质量计划能力、质量管理能力、质量评价能力
	机械设备	建筑机械设备	设计能力、施工能力、监督能力、运营管理能力
	模具	模具	冲床铸造模具设计能力、冲床铸造模具制造能力、冲床铸造模具质量管理能力、冲床铸造模具组装能力
	机械开发管理		开发管理、开发策划能力、机械营销能力、机械采购能力
电气电子	电气	电气—自动控制（设计）	基本技能、调查及检讨能力（2005年开发）、技术分析能力（2005年开发）、计划及制定能力（2005年开发）、大厦设备/电力/照明自动控制能力（2005年开发）、网络设计能力（2005年开发）、图纸设计能力（2005年开发）
		电气—自动控制（维护保修）	基本技能、诊断分析运用及评价能力（2005年开发）、设置及检验能力（2005年开发）、教育及管理能力（2005年开发）
		电气—重型电动机器（设计）	基本技能（发电机电动机制造）、说明书制定能力及产品适用能力、电路/运作原理分析能力及特性设计能力、设计及图纸制作（机械）能力、保留装备及特性分析能力、发电机制造能力、变压器制造能力、电门制造能力
		电气—重型电动机器（维护保修）	重型电动机器性能特性分析能力、故障诊断及修理能力、预防保健及安全能力、把握客户要求及选定新技术装备的能力、设置/试运行能力

续表

大　类	中　类		小　类
电气电子	电气	电气施工	输电能力、变电能力、配电能力、内线施工能力、自用电器设备设计能力、自用电器设备施工能力、自用电器设备监督能力、自用电器设备运作能力
		发电设备运作	水力发电设备运作能力、火力发电设备运作能力
	电子	电子	设计基本技能、通信仪器设计能力、信息仪器设计能力、客户支援能力
		电子—家电开发	系统软件开发能力、应用软件开发能力、硬件开发能力、工具开发能力
	半导体（未开发）		
信息通信	信息技术	信息技术	信息处理能力、信息服务策划能力、产品软件策划能力、产品软件开发能力、产品软件运营能力
		软件	项目管理能力、信息服务开发能力、网络体系结构、信息服务运营能力、策划能力
		电子学习	基本技能、系统开发能力、内容开发能力
	无线广播	放映	放映能力
	通信设备	通信设备	基本技能、区内通信施工能力、区内通信设计能力、网络策划能力、网络设计能力
	信息通信	信息通信服务	策划·设计能力（2005 年开发）、施工能力（2005 年开发）、应用能力（2005 年开发）、检验能力（2005 年开发）、管理能力（2005 年开发）、IT 策划能力（2011 年开发）、系统运营能力
		广播通信融合	内容使用者服务能力、内容网络服务能力、基本技能、虚拟现实内容开发能力、相互作用内容开发能力、真实感图形应用内容开发能力
	多媒体		

续表

大　类	中　类		小　类
建设、海洋	建筑	建筑—建筑设计	调查及拟定能力、检讨能力、设计能力、签约及日程管理能力、施工相关能力、土木设计能力、造景设计能力
		建筑—施工	基本技能、砌墙能力（2009年完善）、水泥砌砖能力（2009年完善）、贴瓷砖的能力（2009年完善）、防水能力（2009年完善）、绑扎钢筋的能力（2009年完善）、混凝土拌和能力（2009年完善）、涂饰能力（2009年完善）、木工能力（2009年完善）、制窗能力（2009年完善）、铸模能力（2010年完善）、支架能力（2010年开发）、糊裱能力（2010年开发）、砌石能力（2010年完善）、石工操作能力（2010年完善）
	土木	土木工程—设计/监督	设计基本技能、道路设计能力、机场设计能力、隧道设计能力、桥梁设计能力、港湾（海岸）设计能力、上下水道设计能力、堤坝设计能力、铁路设计能力、地基（土质及基础）设计能力、园区设计能力、监督能力
		建设—施工管理	基本技能、工序管理能力、质量管理能力、安全管理能力（2010年完善）、环境管理能力（2010年完善）
		土木—施工（维修/维护管理）	维修能力、维护管理能力
	矿业资源（未开发）		
	国土开发（未开发）		
	海洋开发（未开发）		

续表

大类	中类		小类
交通运输	汽车	汽车装备	经营能力（2003年完善）、管理能力（2003年完善）、车体配备能力、发动机配备能力、电器配备能力、底盘制造能力、涂饰能力（2003年完善）、检验能力（2003年完善）
	铁路	电气铁路	设计能力、施工能力、监督能力、维护保修能力
	运输（未开发）		
	造船	造船—生产	船体建造能力、安装（组装）能力、焊接能力、机械设置能力、电装部件设置能力、木艺能力、涂饰能力、配管能力
		造船—试运行	发动机试运行能力、设备试运行能力、电装部件试运行能力
		造船—质量管理	基本技能、船体质量管理能力、装备质量管理能力、涂饰质量管理能力
	航空（未开发）		
环境	环境	环境服务	环境管理能力、环境影响评价能力、环境测定分析能力
	应用科学（未开发）		
	安全卫生（未开发）		
金融、保险、房地产	金融保险（未开发）		
	房地产（未开发）		
经营管理	经营营销	营销	市场调查能力、营销战略策划能力、品牌能力、营销公关能力、广告能力、客户关系管理能力、流通渠道开发能力

续表

大类	中类		小类
经营管理		物流管理	物流系统计划能力、物流信息系统信息开发能力、物流中心运营能力、配送管理能力、物流仓库及材料管理能力、事后管理能力
		E 商务	基本技能、制定解决方案营业能力、系统构建营业能力
	会计财务		会计能力、资金能力
	人事总务（未开发）		
	生产质量管理（未开发）		
自然社会科学	自然科学研究（未开发）		
	社会科学研究		
社会服务	执法 治安 消防 教导		
	警备清扫		
	安全管理		
教育培训	公共教育		
	职业培训		
医疗保健社会福利	医疗保健（未开发）		
	社会福利（宗教）	社会福利服务	策划能力、教育能力、事件分类处理能力、咨询能力、项目开发能力、服务评价能力、在家福利支援服务、家政护理服务能力
	职业咨询（未开发）		

续表

大 类	中 类		小 类
文化艺术设计	视觉设计（未开发）		
	产品设计（未开发）		
	涂饰（未开发）		
	工艺		木工艺能力、家具制作能力、铁工艺能力、陶瓷能力、石工艺能力
	贵金属及宝石		贵金属加工能力、贵金属品质鉴定能力、宝石加工能力、宝石鉴定能力、珠宝销售能力
	印刷出版		出版策划能力（2008 年开发）、编辑能力、编辑设计能力、制作工序管理能力、自由出版能力、平面印刷能力、特殊印刷能力、后加工能力（2008 年开发）
体育观光休闲娱乐	体育（未开发）		
	观光文娱（未开发）		
食品加工料理	食品加工（未开发）		
	饮食服务（料理）	饮食服务	料理基本技能、韩式料理能力、西式料理能力、日式料理能力、中式料理能力、制作糕点面包的基本技能、糕点制作能力、面包制作能力、服务能力、管理能力
美容美发服务	美容美发服务		美发能力、美容能力、化妆能力、美甲能力
	生活销售服务（未开发）		

（三）韩国国家技术资格鉴定方法

按照专业技术水平高低，韩国专业技术人员依次可以分为工程师（Professional Engineer）、助理工程师（Master Craftsman）、技师（Engineer）/工业技师（Industrial Engineer）、技工（Craftsman）四类。这四类专业技术人员则分别对应着五个级别的韩国国家技术资格。有关韩国国家技术资格的鉴定主要是通过其国家专业技术资格评审来实现的。

1. 韩国国家专业技术资格评审标准

韩国国家专业技术资格评审也是依照专业技术水平高低分级别评审的（见表 5—9）。

表 5—9 韩国国家专业技术资格评审标准①

级 别	评审标准
工程师（Professional Engineer）	在某一专业技术领域具有高超的技术水平和丰富的实践经验，兼备计划、研究、设计、分析、调查、试验、施工、监督、评价、评估、人事管理、技术管理等能力。
助理工程师（Master Craftsman）	在某一专业技术领域具有精湛的技艺，并具有以下现场管理能力：在工业生产现场进行作业管理，对下属技术人才进行指导和监督，现场训练（On the Job Training），将技术人才和经营者有机联系起来。
技师（Engineer）	在某一专业技术领域具有扎实的工程学技术理论知识，具有设计、施工、分析等能力。
工业技师（Industry Engineer）	在某一专业技术领域具有扎实的技术基础理论知识或纯熟的技术，可进行较为复杂的技术性操作。
技工（Craftsman）	在某一专业技术领域具有纯熟的技术，并具有从事制作、操作、驾驶、维修、整备、开采、检验或作业管理工作及相关工作的能力。

① Human Resources Development Service of Korea. *National Qualification Test*. http：//www. hrdkorea. or. kr/ENG/3/1，2012/04/21.

2. 韩国国家技术资格年度评审计划的制定

韩国劳动部根据《国家技术资格法》施行令第十五条（国家技术资格评审的施行等）规定，集中各主管部门意见，于每年12月5日前制定下一年的评审计划。

（1）韩国国家技术资格考试笔试试题类型和考试时间。针对不同级别技术资格，韩国国家技术资格考试笔试试题类型和考试时间安排也不尽相同（见表5—10）。

表5—10 韩国国家技术资格考试笔试试题类型和考试时间①

级 别	笔试考试形态和及格标准	考试时间
工程师（Professional Engineer）	• 简答题或主观论述题 • 100分满分，60分及格	• 考试分四场进行，每场标准时间为100分钟
助理工程师（Master Craftsman）	• 客观题，四选一 • 100分满分，60分及格	• 每项60分钟
技师（Engineer） 工业技师（Industrial Engineer）	• 客观题，四选一 • 单科40分以上，各科平均分60分以上及格	• 每科30分钟（考试时间最长不得超过3小时）
技工（Craftsman）	• 客观题，四选一 • 100分满分，60分及格	• 每项60分钟
专门事务	• 客观题四选一（也可以是简单题或主观论述题） • 单科满分为100分，单科40分以上，各科平均分60分以上及格	• 每项150分钟

注：工程师=博士水平，助理工程师=本科毕业生水平，技师=专科毕业生水平，技工=高中毕业生水平。

（2）韩国国家技术资格考试报名条件。韩国对国家技术资格考试的报

① Asia Pacific Accreditation and Certification Commission. *National Technical Qualification System*（*NTQS*）*in Korea*. http：//www.apacc4hrd.org/conf_ workshop/apacc04/CR/KR/，2012/04/27.

名条件有着严格的规定（见表5—11）。

表5—11　韩国国家技术资格考试报名条件①

级　别	考试报名条件
工程师（Professional Engineer）	• 已取得技师资格，从事同一领域专业技术工作四年以上 • 大学本科毕业，从事同一领域专业技术工作九年以上 • 从事同一领域专业技术工作11年以上 • 已取得工业技师资格，从事同一领域专业技术工作六年以上 • 三年制专科院校毕业，从事同一领域专业技术工作时间不少于九年零六个月 • 两年制专科院校毕业，从事同一领域专业技术工作时间不少于九年零六个月
助理工程师（Master Craftsman）	• 已取得同一领域工业技师资格或技工资格，已进修专科学校的（Polytechnic College）助理工程师课程 • 已取得工业技师资格，从事同一领域专业技术工作六年以上 • 已取得技工资格，从事同一领域专业技术工作八年以上 • 从事同一领域专业技术工作11年以上
技师（Engineer）	• 已取得同一领域技师资格 • 相关专业毕业生（应届毕业生） • 大学本科毕业生，从事同一领域专业技术工作两年以上 • 两年制专科院校毕业，从事同一领域专业技术工作三年以上 • 已取得工业技师资格，从事同一领域专业技术工作一年以上 • 已取得技工资格，从事同一领域专业技术工作三年以上 • 从事同一领域专业技术工作四年以上 • 就学期间所取得学分不少于106学分
工业技师（Industrial Engineer）	• 已同一领域工业技师资格 • 已取得技工资格，从事同一领域专业技术工作一年以上 • 已从两年或年制专科院校相关专业毕业生（应届毕业生） • 已结束或即将结束工业技师进修课程 • 在技术大赛中获得奖项 • 从事同一领域从事专业技术工作四年以上 • 就学期间所取得学分不少于41学分
技工（Craftsman）	无限制

① Asia Pacific Accreditation and Certification Commission. *National Technical Qualification System（NTQS）in Korea*. http：//www. apacc4hrd. org/conf_ workshop/apacc04/CR/KR/，2012/04/27.

第二节 专项职业能力考核办法

限于篇幅原因，对专项职业能力考核的介绍，我们将选取加拿大专业职业能力的考核办法进行简要概述。加拿大公共服务部门测试（Testing in the Public Service of Canada）的出台是为公共服务部门各级别的人事任职时制定并应用的测试提供主要标准。已有研究表明这些测试程序的制定和应用具有良好的技术和专业基础，并具有较高的效度。

加拿大公共服务部门考试标准第 1 部分至第 5 部分涵盖了与以下内容相关的标准，包括：测试方法、效度和信度、测试结果、测试分数、同类或相关事务以及测试报告。第 6 部分至第 7 部分介绍了测试使用和管理的标准，包括测试人员的资格问题等（分别见表 5—12、表 5—13、表5—14、表 5—15、表 5—16、表 5—17 和表 5—18）。

表 5—12 效度标准①

标准 1. 1	测试的使用必须以有效的证据作为支持。针对每一项能力的测试，都需要证明其测试的有效性。
标准 1. 2	证明测试的有效性是测试研发者和测试应用者的一项共同责任。测试研发者负责提供各种信息，用于帮助确定某项预期能力测试的有效性。测试执行者负责确保他们所使用的能力水平测试工具是与工作相关的，确保测试能够评估被测人员的胜任能力。
标准 1. 3	应提供能证明测试分数和工作能力二者之间联系的证据。应正确地引用研究数据或其他出版数据作为证据，在必要时也需要考虑经验证据和非出版数据。
标准 1. 4	存在能够证明测试分数和其他可变因素之间的关系的证据时，应以一种能让他人理解的方式来描述这些有效的证据。

① Public Service Commission of Canada. *Testing in the Public Service of Canada*. http：//www. psc - cfp. gc. ca/plcy - pltq/guides/assessment - evaluation/tips - tapf/index - eng. htm，2012/04/05.

续表

标准 1.5	在论证测试内容的有效性时，需要充分说明测试内容的应用程序、测试专家的选择程序，以及这些专家对测试作出的判断。以对相关工作特性的分析为基础去决定工作选择、晋升和绩效范围问题。
标准 1.6	如果将被测者对测试材料的反应作为进行有效性分析的证据时，需要引入建立在证据基础上的概念模型。

表 5—13　信度标准①

标准 2.1	只有建立在提供测试分数可靠性相关的详细信息基础之上，才可以保证对被测试人员作出的判定是正确有用的。
标准 2.2	应说明与评估测试有效性的有关的信息，并且应明确说明在何种情况环境下得出的可靠性评价。
标准 2.3	测试执行者应执行能够保证或提高测试分数可靠性的程序。测试研发者应明确说明对于保证测试分数可靠性是非常关键的方面，如打分程序和监督办法。

表 5—14　测试发展和修订标准②

标准 3.1	应在系统的、合理的基础上改善测试程序。测试研发者应对与测试相关的证据进行回顾分析，并确定什么样的证据在测试进行前必须取得，以及什么样的证据可以在以后提供。
标准 3.2	执行规定中应包括以下内容：想要测试什么、问题的数量和形式以及它们所要考察出的心理特征。还应规定测试的时间和次数、对被测试人的指导、以及测试监督和评分程序。

---

① Public Service Commission of Canada. *Testing in the Public Service of Canada*. http：//www. psc – cfp. gc. ca/plcy – pltq/guides/assessment – evaluation/tips – tapf/index – eng. htm，2012/04/05.

② Public Service Commission of Canada. *Testing in the Public Service of Canada*. http：//www. psc – cfp. gc. ca/plcy – pltq/guides/assessment – evaluation/tips – tapf/index – eng. htm，2012/04/05.

续表

标准 3. 3	测试研发者应保证他们的测试对所有被测试人都是公平的。同时，他们应充分考虑来自特定人群的被测试者的感受，在测试时所举的例子会不会对他们造成伤害。测试指示过程中应公平地对待被测试人。如果有迹象表明大量测试结果具有显著差别，则应对测试进行经常性的监督。如果监督未能发现产生差别的原因，则应另行开展研究更深入了解这些差异产生的原因。
标准 3. 4	测试管理者指导手册中应提供详细的指导方法，以保证正确的管理测试。对被测试人表现的指示应完整，以便于被测试人能够按照测试研发人的预期目的做出反应。在必要的时候，应准备提供案例材料或相关问题。
标准 3. 5	当测试使用英语和法语时，应确保两种语言表述的一致性。测试中使用的语言不应过分晦涩难懂。难度级别应与测试相关的工作所需的语言程度相一致。
标准 3. 6	测试研发者应详细地说明测试打分程序及解释办法，并确保打分程序准确性。应制定管理手册和评分报告表，规定适当的评分解释办法。当判定程序引入测试打分时，测试研发者应制定详细评分说明对评分者的培训以确保评分的准确性。在必要的情况下，测试研发者应该对测试执行者、管理者、评分员、翻译员进行特定的培训和鉴定。如果编制了标准的测试解释办法，测试研发者有责任向测试执行者提供充分的关于标准群体的信息，以确定和这些信息相关联的其他原则。
标准 3. 7	有时，考虑到残疾人的特殊情况，需要对测试材料或测试管理程序进行调整。测试管理者指导手册应明确规定，为了不影响测试的有效性，可以在多大限度上对标准的测试材料进行修改，或对标准的管理程序进行修改。如果标准的测试材料或标准的管理程序被修改后，使得评分失去意义，则应采取一种有效相应的替代性的评估办法。调整测试过程中如果需要对人事心理学中心设置的公共服务委员会标准测试及其管理程序进行调整，则只能按照人事心理学中心的相关规则进行调整。

表 5—15　测试评分解释办法标准①

标准 4. 1	应向测试执行者明确阐明评分所使用的等级标准和标准选用基本原则。应说明原始分数是如何换算成标准分数的。

① Public Service Commission of Canada. *Testing in the Public Service of Canada*. http：//www. psc - cfp. gc. ca/plcy - pltq/guides/assessment - evaluation/tips - tapf/index - eng. htm，2012/04/05.

续表

标准 4.2	所采取的测试标准必须是与被测试者接受的测试相关。必须提供足够多的关于标准来源的信息以便于决定采用适当的测试标准。对所设置的标准是否具有持续的适用性和相关性应进行周期性的评价。
标准 4.3	如果两种形式的测试需要交替进行，应提供两种测试等效的证明。应充分列举并说明同种类测试的特殊方法以及分数换算方法。
标准 4.4	如果评分解释办法中有一种或多种扣分的方式，则应明确说明使用原则和程序。扣分可以通过多种方法进行，包括统计数据、等级评定、能力标准评定。无论使用哪种方法，应确保所扣分数是与被测试的工作能力相关联的。

表 5—16 测试文件标准①

标准 5.1	应向测试执行人提供相关文件（例如测试手册、技术手册、执行人手册等）。
标准 5.2	测试文件应说明测试的基本原理、推荐的测试方法、测试方法的依据以及帮助评分的信息。如果存在用错测试方法的可能性，应列出针对用错测试方法的警告。
标准 5.3	应具备充分的文件来支持测试的可靠性和准确性。用来评价可靠性的程序、测试标准误差、所举的相关例子的类型和范围等都应被列出。同样，也应明确列出有效性证明案例以及归纳来源于其中的调查结果的规定。如果需要加入总测试分数以外的其他分数，则应证明加入这些其他类型分数的有效性。
标准 5.4	测试研发者应该在文件中说明随着时间的变化测试本身可能的改变和调整。
标准 5.5	文件中应列明测试管理者所应具备的特定能力，例如语言能力、对某特定类型测试材料的熟悉等。文件还应说明测试管理者应取得的培训或鉴定，以及管理者需要重新被鉴定的频率，以便于他们能够适应测试以及测试管理办法的变化。
标准 5.6	当向被测人告知测试总分数时，还应提供充足的信息，充分解释他们在此项测试中具体得分情况。

① Public Service Commission of Canada. *Testing in the Public Service of Canada*. http：//www.psc-cfp.gc.ca/plcy-pltq/guides/assessment-evaluation/tips-tapf/index-eng.htm，2012/04/05.

表 5—17 残疾人测试标准①

标准 6.1	如果被测试人有残疾，也不可免除对其工作胜任能力的评估。然而，应使用调整型评估方式进行测试。在特定的评估环境中使用调整型评估方式，必须确保任职能力评估的本质和级别，并遵守标准的测试要求。
标准 6.2	当对残疾人测试时，那些负责调整型评估的人必须掌握充分的测试知识，了解测试中应评估什么内容。他们还必须知道由于人身残疾原因的功能缺陷将会如何影响被测者在测试中的表现。
标准 6.3	如果由于残疾原因导致测试在性质和级别上有较大变动，调整型评估方法必须被逐项确认，或使用其他类型的测试方法保证测试的有效性。
标准 6.4	使用调整型评估方法时，不得向残疾人提供不利条件，也不得提供优越于接收同类测试的其他人的有利条件。
标准 6.5	应提交调整型评估测试记录，并保留原始资料。

表 5—18 测试管理及分数保障标准②

标准 7.1	被测者使用英语或法语接收评定，或者二者均使用，由被测者自己决定，除非是为了测试其语言熟练程度或语言相关能力，否则就需严格按照本规定执行。
标准 7.2	测试主管应公平对待参与评价的被测者，尊重所有的被测试人，并应严格遵守测试研发者制定的测试及打分的标准程序。
标准 7.3	事先应允许被测试人接触与测试内容相关的信息，了解这些信息将被怎样使用。所有的被测试人均应平等地拥有这样的机会。
标准 7.4	应提供合理的舒适的测试环境，尽量避免被测试人的分心。对被测试人的指示包括应清晰地告知他们如何答题，测试材料应便于阅读和理解。
标准 7.5	应尽最大努力监督测试环境，杜绝作弊机会。

① Public Service Commission of Canada. *Testing in the Public Service of Canada*. http://www.psc-cfp.gc.ca/plcy-pltq/guides/assessment-evaluation/tips-tapf/index-eng.htm，2012/04/05.

② Public Service Commission of Canada. *Testing in the Public Service of Canada*. http://www.psc-cfp.gc.ca/plcy-pltq/guides/assessment-evaluation/tips-tapf/index-eng.htm，2012/04/05.

续表

标准 7.6	测试执行者有义务在任何时间都不得泄露测试相关的材料。
标准 7.7	应遵守程序保证测试分数的准确性。应严格监控，避免打分错误。时常监督评分员是否遵守规定的评分原则。
标准 7.8	应保证个人测试结果的保密性。测试执行者应执行一系列明确的关于个人分数保管期限、使用原则、使用时间等因素的规定。严格按照相关法律规定，对所保留的测试结果做出答复，并更正出现的错误数据信息。

需要注意的是，必须以有事实根据的判断来确定在一项特定的测试过程中，哪种标准是相关的以及应该以何种方式进行测试。测试评定不应完全取决于满足每一条标准，也不可凭借对照清单作出判断。不是所有的标准均适用于所有类型的测试或者所有的被测人员。在确定标准的适用性时很多因素都应被考虑在内。这其中包括测试执行者在评估测试类型过程中有事实根据的判断、特殊环境、测试应用的目的以及支持评估的信息的有用性等。

第六章
国外人才评价经验对我国的启示

第一节　国外职业分类体系对我国的启示

随着经济社会的发展，科学技术进步和产业结构的调整，我国的职业结构已发生了较大变化，1999 年颁布的《中华人民共和国职业分类大典》已经不能适应人力资源开发、信息统计、职业教育培训、职业指导和就业服务等工作的实际需要，亟须进一步完善。英国、加拿大、澳大利亚等国家职业分类体系建设经过实践的检验已较为完善，有许多值得借鉴的地方，对我国的职业分类体系建设有很多启示。

1. 建立科学合理的职业分类原则

各国和地区职业分类往往把完成工作的任务和职责所需的技能相似性作为分类原则。美国、加拿大的职业分类按照技术类型的不同要求，对所有职业进行了分类，形成了全面的职业分类体系。同时依据技术等级，确定了职业级别。英国采用国际劳工组织提出的职业分类原则，即把完成工作的任务和职责所需的技能相似性作为分类原则，并在分类标准中提供与从事某项胜任素质相关的教育资质、培训、技术和经验等信息。澳大利亚的职位分类体系是以能力为基础将性质相近或相似的工作分别进行归类。新加坡职业分类体系所采用的基本职业分类原则是不管其工作经验、技术、资质如何不同，只要所从事的工作在本质上可被视为同类工作，则将其划分到同一职业中。我国应在吸纳国外职业分类原则的基础上，进一步修订和完善《中华人民共和国职业分类大典》。

2. 建立健全职业分类的技能等级制度

技能等级是许多国家、地区职业分类体系中的重要组成部分。职业技能等级的高低和该职业要求从业者的受教育程度、工作经验等因素相关。英国依据完全胜任相关工作所需要的教育资质、培训时间和工作经验等将所有职业分为四个技能等级。加拿大职业分类标准的技术等级反映了实际职业的入职要求，根据入职需满足的教育和培训数量及类型，分为四个技能等级。新加坡职业分类标准按照与工作相关的任务复杂性、任务范围、任务职责分为四个技能等级。韩国对国家认证的技术人才按照专业技术水平高低，依次分为工程师、助理工程师、技师或工业技师、技工四类。我国以国家职业分类为基础，将技能等级划分初级、中级、高级、技师、高级技师五个技能等级，并于 1998 年成立了中国就业培训技术指导中心，专门负责全国就业、职业培训的技术指导以及职业技能鉴定的技术指导和组织实施工作。这是完善我国技能等级制度的重要进步，但相较于英国、新加坡等职业技能等级制度更为成熟的国家而言，我国还应继续完善技能等级评价标准，规范对技能等级评价程序、加强技能等级鉴定过程的行政检查，以确保国家技能等级评定的质量。

3. 提高职业分类体系的实时性

伴随经济社会的发展和科学技术的进步，一方面，新的职位需要及时补充到职业分类标准中；另一方面，一些传统职业也发生了相应的变化，需要进一步修改。发达国家能够根据实际需要，及时对职业分类体系进行相应的修订和完善，以满足现实的需要。英国分别在 1990 年、2000 年和 2010 年对职业分类体系进行了修订。加拿大国家职业分类体系从 1993 年开始被加拿大劳工部所采用，逐渐形成了当今较为完善的分类体系。2010 年的新加坡职业分类体系采用 2008 年国际职业分类的基本框架，并对其进行了适当修改，强化了与国际标准的一致性，以取代新加坡 2005 年版的职业分类体系。韩国国内现行的职业分类为了反映韩国职业结构的变化，于 2007 年进行了第 6 次修订。因此，在信息时代的浪潮中，我国职业分类体系应及时反映时代的变化和要求，以满足市场经济和不同职业的发展要求。

第二节 国外公务员职位分类体系对我国的启示

发达国家就公务员职位分类管理进行了一系列的实践和探索，形成了较为规范的公务员职位分类制度，我国可以从以下几方面借鉴经验，进一步完善我国的公务员职位分类管理。

1. 进一步完善法律法规，为公务员分类制度提供法律保障

美国早在1949年就由国会制定通过了职位分类法，为公务员职位分类制度提供了法律依据。日本也有较为完备的国家及地方公务员法，对公务员职位分类做了详细界定。此外，新加坡宪法中有专门条款对公务员管理权限及公务员的权利和义务进行明确的规定。相比较而言，我国直到20世纪80年代才着手公务员制度建立的前期准备工作，到1993年底才初步建立公务员制度。分类制度更是直到1993年才开始探索。2006年出台的《中华人民共和国公务员法》对分类体系做了一定的规定，但是仍存在不足的地方，例如其第十四条指出“各职位类别的适用范围由国家另行规定”，显示现有法律仍不够完善，应当加快构建公务员法体系，为公务员职位分类提供法律依据和制度保障。

2. 建立健全科学化和专业化的公务员分类制度

美国、加拿大等国家职位分类体系比较丰富完善，加拿大一般公务员的职位按专业划分为25个职组。美国1949年颁布的职位分类法，把公务员职位分为两大类：一类分为18个等级，适用一般行政等级表（简称GS）；另一类分为10个等级，适用技艺保管等级表（简称CPC）。1952年，又将上述两类职位从横向分为27个职组，569个职系；到1958年，减为23个职组，524个职系；1965年，再减为22个职组，439个职系。与发达国家的职位分类相比较，我国的职位分类显得粗糙，同时欠缺科学性。公务员法将公务员划分为综合管理类、行政执法类、专业技术类三个类别，从长远来看，难以满足公务员不同工作性质的多样性需要。因此，我国应在现有的行政单位的基础上，坚持因事设职、因职择人的原则，对目前所有职位进行全面的梳理，精确计量职位的数量，在科学论证基础上设置职位。增加分类类别应是未来的一个发展方向。

3. 区分中央和地方公务员的差异

日本将公务员分为国家公务员和地方公务员，《地方公务员法》和《国家公务员法》分别对地方公务员和国家公务员的职位分类进行了规定。我国的公务员体制，没有中央公务员与地方公务员之分，统一叫作公务员。未来我国公务员职位分类体系设计应当充分反映中央和地方公务员的差异性，对中央国家机关公务员和地方公务员在职务范围、任职资格、责任义务、级别待遇上分别立法予以规定。

第三节　国外公务员能力素质标准对我国的启示

伴随知识时代的到来和经济全球化的不断深入，面对政府职能转变的新任务，各国政府都在不断完善自己的公务员能力素质建设，努力打造一支掌握现代科学知识、熟悉国内经济情况、善于协调和服务的高素质知识化的公务员队伍。发达国家在公务员能力素质分类管理方法、细化可操作性原则和胜任素质模型等方面可以为我国的公务员能力素质建设带来以下启示：

1. 建立健全科学的针对各级公务员要求的能力素质标准

国外公务员往往分为普通公务员和高级公务员两个序列，高级公务员在政府决策中起着重要的作用，负责政府政策的制定和决策，需要具有较高的业务能力和素质。针对普通公务员和高级公务员的不同特点，各国和地区制定科学的具有针对性的能力素质标准。美国人事管理委员会为新入职的高级行政人员制定了《行政核心能力》。加拿大政府出台了关键领导能力框架，规定了高级公务员应具备的技术、能力和素质等要求。澳大利亚公共服务委员会组织制定了高级行政领导能力框架。相较而言，我国缺乏针对不同级别公务员的能力素质标准。

2. 建立细化可操作的公务员能力素质标准

美国公务员能力素质对公务员个人能力的要求，具体包括业务能力、最低等级水平、经验或教育经历要求等，并进行了详细的说明。加拿大公务员能力素质要求中的总体胜任素质不仅包含对公务员业务能力、知识水

平的要求，还包括胜任素质所必备的人格、兴趣等深层次的要素，并对各要素进行了全面科学的说明。相较而言，我国的《国家公务员通用能力标准框架（试行）》提出公务员所必备九种通用能力，在细化和可操作性方面还有待进一步的完善。

3. 建立以胜任素质为基础的公务员能力素质体系

胜任素质是指与特定组织工作职位上工作业绩水平有因果关系的个体特征和行为，由知识、技能、社会角色、自我概念、特质和动机六部分组成。发达国家根据社会实践结果发现，相较于表层次的知识技能，社会角色、自我概念、特质和动机等深层次内容更能决定公务员能力素质能否满足职务要求，因此纷纷建立以胜任素质为基础的能力素质体系。例如，英国政府于2005年开始实施基于胜任素质框架的公务员能力建设战略行动，逐渐形成了以服务能力、智力、人际交往能力、领导与管理四个维度组成的胜任素质模型。加拿大政府针对公务员中管理者的胜任素质模型包括客户服务、沟通、人际交往、分析思维、领导力、目标实现、问题解决、学习支持、组织知识等九个维度组成，部门管理则只有掌握管理者胜任素质模型，才能胜任领导职务的要求。我国于2003年底颁布了《国家公务员通用能力标准框架（试行）》，提出了公务员九项通用能力标准框架，随后各级地方政府也相继提出了各种胜任素质标准，如广州市、宁波市、武汉市和深圳市等。但是，我国公务员胜任素质是将公务员作为一个整体来研究，而几乎没有对不同地域、不同级别、不同职务公务员的能力的具体划分；以往研究所提到的公务员胜任素质的概念界定都很笼统，缺乏明确、清晰的定义。因此，我国应该在公务员职位分类的基础上，深入细化公务员胜任素质的标准，并积极鼓励各地各部门对不同级别、不同类型公务员胜任素质的探讨和研究。

第四节 国外公务员考核评价对我国的启示

我国自1993年推行公务员制度以来，逐步建立起具有中国特色的公务员考核评价机制。但由于制度、体系不配套，公务员考核评价机制还存在缺失。因此，借鉴发达国家公务员管理中的合理内容，对于完善我国公务员考核评价机制具有重要的意义。具体来说，西方国家公务员考核评价机制重视法律保障和组织保障，采用灵活科学的考核方法，并充分运用考核结果，强化公务员考核的监督机制建设，对我国公务员考核评价制度的完善具有很强的参考价值。

1. 加强法律建设，为公务员考核制度提供法制保障

西方各国普遍重视公务员考核评价的法律支持和制度安排，经过长期的努力，建立了一系列完善的法律制度。这些制度明确规定了公务员考核的原则、考核的程序、考核的内容、考核的方法、考核的监督机制等一系列内容，规定了公务员的地位、责任、权利和义务。这就确保了公务员考核的各个方面都能做到有法可依、有章可循，为有效开展绩效评估提供了强有力的法律和制度保障。

2. 设立专门独立的公务员绩效考核领导机构

西方国家普遍建立专门、独立负责的公务员考核评价领导管理机构，并对该机构的成员产生、运作程序、权力和义务、行为准则等做出明确的法律规定和制度约束，从而为有效开展公务员绩效考核工作提供了良好的组织保障。这种考核机构有利于加强政府对公务员绩效考核工作的领导，保障绩效考核制度有效落实。

3. 采用灵活多样、科学合理的公务员考核方法

目前西方各国普遍重视定量考核，考核的标准越来越详细、具体，项目设置也越来越体现考核宗旨，重视对能力甚至是潜能的考核，而考核方式也趋于数字化、表格化。应借鉴发达国家的做法，大量运用先进的技术方法来对公务员进行考核，从而尽量减少主观因素对考核结果的不当影响，实现考核的标准化、具体化、度量化和公正化。同时要积极吸收管理学、行为科学、心理学、计算机科学的最新研究成果，积极探索引进现代人才评价方法和技术，改变传统考核“开几个会、发几张表、打几个钩”的落后方法，提高公务员考核的科学水平。

4. 科学合理地运用公务员绩效考核结果

西方各国普遍注重对考核结果的利用。美国公务员绩效考核结果被用来作为调整薪酬、授予奖励、确定培训和其他人事决策的依据。韩国公务

员的绩效薪酬将按照考核结果的等级予以发放。总体来说，各国公务员考核结果不仅与物质薪金奖励挂钩，还与公务员的晋升、培训等紧密相连，甚至影响公务员的职业生涯发展规划。我国目前的情况是，绩效考核结果没有得到应有的重视和运用，考核结果得不到使用或使用不当。未来应建立科学的结果运用机制，做到奖惩分明，使考核结果落到实处，真正起到奖优罚劣的作用。

5. 坚持客观、公正、公开、合理原则，建立健全考核监督机制

西方各国在公务员考核方面普遍遵循客观、公正、公开、合理的原则，并建立了较为完善的考核监督机制，往往有一个专门的机构对公务员的权利加以保障。在考核操作中，将考核过程、考核标准、考核结果向公务员公开，接受公众的监督，以防止某些官员把个人利益带入到考核中来。另外，充分保证被考核者的申诉权利。公务员可根据情况将自己认为不合理的考核结果向有关机构甚至法院提出申诉或起诉。

第五节　国外专业技术人员能力素质及考核评价制度对我国的启示

随着社会主义市场经济的不断发展以及专业分工的深化，对我国的专业技术人员能力素质提出了新的挑战和要求，而目前我国在该领域的研究尚不成熟，专业技术人员能力素质及考核评价制度也亟须完善，西方国家较为成熟的专业技术人员能力素质及考核评价制度对我国该领域具有重要启示。

1. 建立细化的专业技术人员能力素质要求

在我国，一直以来对专业技术人员能力素质要求都过于笼统，缺少细化的说明，而国外则对专业技术人员的能力进行了具体、细致的描述。例如，美国对人力资源管理者五种角色的能力要求及行为表现等做了详细的说明，英国对不同级别的知识与信息管理人员的能力素质也做了细致的描述，而澳大利亚更是对其专业工程师及工程技术人员能力要求的不同维度都解释得十分详尽。翔实的能力素质说明，是专业技术人员能力素质考核的基础和依据，因而，我国应加强高校对专业技术人员能力素质的研究和检验，进一步完善和细化专业技术人员的能力素质要求。

2. 加快人才评价的发展，建立一套体系化的人才评价机制

诸如美国的 SL/ST 评价系统，澳大利亚对教师人员的考核评价，韩国企业人事评价制度以及日本企业人事评价制度等人才评价机制都已趋于体系化和规范化。而在我国，人才评价尚处于探索阶段，人才评价机制尚不成熟，人才评价的内容、标准、方法、程序等也尚未形成体系化，缺乏健全的针对不同人才的人才评价体系，因此必须加快人才评价的发展，建立一套体系化的人才评价机制。

3. 保证考核评价的客观性与公正性

在我国，由于专业技术人员能力素质及考核评价制度的不完善，加上在评价过程中弄虚作假、利用“关系”等人为因素的存在，使得评价缺乏必要的客观性与公正性。而国外，在对专业技术人员的评价过程中，通常采取多种方式来保证其评价的客观性与公正性。例如，美国的 SL/ST 评价系统就通过第三方监督来促进绩效评价系统有效和高效运行，韩国高级管理人员绩效评价体系就明确规定评价原则是保证客观性和公正性。

4. 注重评价结果的应用，强化激励机制

对专业技术人员进行评价只是手段，而不是目的，其最终目的应是通过对评价结果加以利用，从而对专业技术人员进行激励。例如，韩国的高管人员绩效评价制度就特别注重将薪酬体系和绩效评价体系加以结合，他们认为要从绩效和能力两个方面来对高管人员进行绩效考核，综合考虑各评价要素的特性，将高管人员薪酬体系分为基本年薪、短期激励和长期激励三大块，并且和绩效考核体系紧密结合起来，使其激励效果达到了最大化。这对于完善我国考核评价制度具有重要的借鉴意义。

第六节　国外职业资格标准对我国的启示

职业资格制度作为目前国际上较为通行的一种专业技术人员管理制度，起源于西方发达国家。美国、新加坡、韩国、日本和加拿大等国家较为成熟的职业技能标准实践对我国职业资格制度的建设有借鉴价值。

1. **鼓励行业协会参与职业资格证书的管理**

在西方国家，从职业资格标准的制定到证书的认证考核，行业协会发挥了不可替代的作用。如果离开行业协会的参与，职业资格证书制度必将失去其社会价值和发展动力。我国也应建立由行业组织参与管理的职业资格证书制度。同时根据有关管理部门的规定和要求，对职业资格证书考核建立相应的管理制度，制定切实可行的实施方案，加强对资格证书培训考试的质量监控和管理。制定坚持“质量第一，社会效益第一”的原则，进一步完善职业技能鉴定质量保障体系，从制度管理、组织实施、队伍建设上严把质量关，从根本上保证鉴定结果真实可靠，证书管理严格规范。

2. **职业资格标准应与实际生产技术相适应**

在欧美，职业资格标准多与企业在实际生产过程中所使用的技术是相适应的。然而在我国，虽然有部分职业院校和企业也开始加入到职业资格鉴定的工作队伍中来，但各类职业资格的制定原则和培训标准并没有完全考虑到企业的发展情况和用人的实际需求，人才培养的内涵及外延与企业的需求之间存在偏差。与此同时，我国目前所开展的职业资格证书也不能完全满足企业对各类技术人才的需求。很多行业急需的工种尚未纳入考核范围，职业学校很多专业的毕业生处在无证可考的状态。因此，我国必须注重职业资格标准的更新极其丰富化，使其不断与实际生产技术相适应，满足实际生产需要。

3. **职业资格评价方式应实现多元化**

职业能力包含多种维度，仅仅对考生进行书面测验或考查部分操作水平是不能充分证明考生能力的。能力大多隐藏在多种外部表现的背后，因此必须有不同的评价人员参照相应的评价标准，利用多种途径和方法，在不同时段对学员或学生进行多次观察、评估与测试分析，找出足够的证据，搜集、整理和评估全面的、合乎逻辑的数据才可能对职业能力进行多维度的准确评价。在评价方式方面，我国职业教育现行的考试鉴定制度是与生产实际相脱离的一种试卷式书面考试方法，虽然能在一定程度上考查应考者对理论知识的掌握程度，但不能如实反映考生的实际操作能力，而加拿大的专项职业能力考核办法就很有借鉴意义。

结　语

依靠人才评价赢得人才竞争

在当今的国际竞争中，国力竞争的实质就是人才竞争。面对瞬息万变的国际发展形势以及日趋激烈的综合国力竞争，人才资源作为第一资源的特征和作用日益凸显。党的十八大报告八次论述到人才工作，把人才工作作为提高党的建设科学化水平的八项主要任务之一，单独列篇，重点部署，并对未来的人才工作提出了新的要求，要实行人才优先的战略布局，建设规模宏大、素质优良的人才队伍，由人才大国迈入人才强国。这些都说明我们党把人才工作提高到更高的战略位置。从未来的发展趋势来看，要不断地提高综合国力，赢得人才竞争，人才评价的作用亦将日益凸显。

人才竞争不仅仅是“量”的竞争，更是“质”的竞争。与发达国家相比，我国高层次创新型人才还比较少，人才创新创业能力还不够强。目前发达国家经济增长80%依靠科技进步，而我国还不到40%。人才的能力和素质将关系和影响到我国未来的综合竞争实力和经济发展后续动力。只有对人才能力素质、行为表现、绩效结果进行科学、客观的评价，才能真正有效地衡量、激励和开发人才，持续提升人才的能力素质和工作积极性，营造一个“人人皆可成才、人人尽展其才”的良好机制，进而可以进一步地发现、培养和吸引更多优秀的高素质人才，不断增强我国人才队伍的核心竞争力。美国、英国、加拿大、澳大利亚、日本和韩国等国家在人才评价工作方面，有许多可取之处。在学习和借鉴国外人才分类、能力标准、评价程序、方法技术、法规制度的基础上，可以有力推进我国人才队伍建设的科学化水平，促进我国人才队伍建设与国际接轨，全面提升我国人才队伍的竞争力。归纳而言，要提高人才质量，赢得人才竞争，我国人才评价工作应以人才分类为基础，明确不同类别、不同级别人才的能力素质评

价标准，统筹党政人才、企业经营管理人才、专业技术人才等各类人才的能力素质建设，规范各类人才评价程序，出台相关人才评价、激励和开发的法规制度，为人才队伍的发展和成长，建立和营造科学、规范、有序的人才评价机制与环境。

党的十八大报告指出，在国际人才竞争中，只有“形成激发人才创造活力、具有国际竞争力的人才制度优势，开创人人皆可成才、人人尽展其才的生动局面”，才能赢得主动、赢得优势、赢得未来。因此，在未来的人才工作中，我们要按照十八大的要求，以贯彻国家中长期人才规划为主线，以学习和借鉴国外人才评价工作经验为基础，全面贯彻人才强国的各项战略任务，在继续发挥我国人力资源优势的同时，加快提升人才资源的能力素质，完善人才评价机制，突出我国人才的竞争比较优势，逐步实现由人力资源大国向人才强国的快速转变。

主要参考文献

1. *Accredited Qualifications*. http：//www. accreditedqualifications. org. uk，2012/04/10.

2. ACHPER. *Melbourne Declaration on Educational Goals for Young Australians*. http：//www. achper. org. au/files/f/903/2. pdf，2012/03/25.

3. Asia Pacific accreditation and Certification Commission. *National Technical Qualification System* （*NTQS*） *in Korea*. http：//www. apacc4hrd. org/conf _ workshop/apacc04/CR/KR/，2012/04/27.

4. Australian Bureau of Statistics. *Australian and New Zealand Standard Classification of Occupations*. http：//www. abs. gov. au/ausstats/abs @ . nsf/ Latestproducts/1220. 0Conte-nts0First% 20Edition，% 20Revision% 201？ open-document&tabname = Summary&prodno = 1220. 0&issue = First% 20Edition，% 20Revision%201&num = &view = ，2012/04/13.

5. Australian Public Service Commission. *Australian Public Service values*. http：//www. apsc. gov. au/aps-employment-policy-and-advice/aps-values-and-code-of-conduct/aps-values，2012/04/20.

6. Australian Public Service Commission. *Senior Executive Leadership Capability framework*. http：//www. apsc. gov. au/publications-and-media/current-publications/senior-executive-leadership-capability-framework，2012/04/20.

7. Council of Engineers Australian. *The Australian Engineering Competency Standards*. http：//www. engineersaustralia. org. au/sites/default/files/shado/ Membership/Stage% 201% 20Assessment/Aus _ Engineering _ Competency _ Standards. pdf，2012/04/03.

8. Department for Education and Child Development. *National Professional Standards for Teachers*. http：//www. decd. sa. gov. au/hrdevelopment/pages/

workforcedevelopment/NPST/? reFlag=1, 2012/03/27.

9. Generic Skills Development Division. *Employability Skills - Workplace Skills Series*. http://app.sgdi.gov.sg/listing.asp? agency_subtype=dept&agency_id=0000012707#, 2012/04/25.

10. Human Resources Development Service of Korea. *National Qualification Test*. http://www.hrdkorea.or.kr/ENG/3/1, 2012/04/21.

11. International Labor Organization. *International Standard Classification of Occupations 2008 (ISCO-08)*. http://unstats.un.org/unsd/class/intercop/expertgroup/2007/AC124-12.PDF, 2012/04/01.

12. International Labor Organization. *International Standard Classification of Occupations*. http://www.ilo.org/public/english/bureau/stat/isco/index.htm, 2012/03/29.

13. International Programs Center. *Scientists and Engineers in South Korea*. http://www.census.gov/population/international/files/sp/SP87.pdf, 2012/03/29.

14. Korean Ministry of Labor. Results of Survey on Yunbongje and Profit Sharing (In Korean). Executive summary report. http://www.molab.go.kr/, 2012/04/03.

15. Korean Ministry of Labor. *Labor Standards Act*. http://www.ilo.org/dyn/natlex/docs/WEBTEXT/46401/65062/E97KOR01.htm, 2012/04/20.

16. Korean Politics. *The Korean Civil Service System*. http://www.asian-info.org/asianinfo/korea/gov/other.htm, 2012/03/25.

17. Ministry of Labor and Human Resource Development Services of Korea (HRD Korea). *Korean National Occupational Standard*. http://nos.hrdkorea.or.kr/index.html, 2012/04/02.

18. Ministry of Public Administration and Security. *Transparency in Civil Service*. http://www.mopas.go.kr/gpms/view/english/national/national03.jsp, 2012/03/25.

19. Office for National Statistics. *Relationship between SOC2010 and*

SOC*2000*. http：//www. ons. gov. uk/ons/search/index. html？ newquery = SOC2010，2012/04/01.

20. Office for National Statistics. *Standard Classification of Occupations*. http：//www. ons. gov. uk/ons/guide – method/classifications/current – standard – classifications/soc2010/soc2010–volume–1–structure–and–descriptions–of–unit –groups/index. html，2012/04/01.

21. Office for National Statistics. *Standard Occupational Classification 2000*. http：//www. theia. org. uk/NR/rdonlyres/8D257F2C – E700 – 4F9D – BD2D – 2AF4E3C31EDB/0/ILRSpecifications2011_ 12Appendix_ L04Mar2011v1. pdf，2012/04/01.

22. Office for National Statistics. *Standard Occupational Classification 2010*. http：//www. ons. gov. uk/ons/search/index. html？ newquery = SOC2010，2012/04/01.

23. Office of Management and Budget. *Government Performance and Results Act Modernization Act of 2010*. http：//www. gpo. gov/fdsys/pkg/PLAW – 111publ352/pdf/PLAW–111publ352. pdf，2012/03/10.

24. Office of Management and Budget. *Government Performance and Results Act*. http：//www. whitehouse. gov/omb/mgmt – gpra/index – gpra，2012/03/10.

25. Office of Personal Management. *Competency model for HR professionals*. http：//www. opm. gov/studies/transapp. pdf，2012/04/27.

26. Office of Personal Management. *Civil Service Reform Act of 1978*. http：//www. opm. gov/biographyofanideal/PU_ CSreform. htm，2012/03/10.

27. Pan Suk Kim. 2010. *The Civil Service System in the Republic of Korea*, *Public Administration in East Asia*.（pp. 451–471）CRC Press.

28. Public Service Commission of Canada. *Testing in the Public Service of Canada*. http：//www. psc–cfp. gc. ca/plcy–pltq/guides/assessment–evaluation/tips–tapf/index–eng. htm，2012/04/05.

29. Republic of Korea Civil Service Commission. *Senior Civil Service System*

in Korea. http://www.exam.gov.tw/public/Attachment/11319582574.pdf, 2012/03/10.

30. Samsung Economic Research Institute. Analysis of HR Competencies and Trend in Korean Firms (In Korean). Executive summary report. http://www.seriworld.org/07/wldCeomsg.html, 2012/04/03.

31. Sarah Vallance 1999. Performance Appraisal in Singapore, Thailand and the Philippines: A Cultural Perspective. *Australian Journal of Public Administration*, 58 (3): 7.

32. Singapore Department of Statistics. *Singapore Standard Occupational Classification*. http://www.singstat.gov.sg/statsres/ssc/ssoc.html, 2012/04/15.

33. Singapore Government. *Singapore administrative system*. http://www.gov.sg/government/web/content/govsg/classic/about_ us, 2012/03/24.

34. Singapore Workforce Development Agency. *Business management WSQ*. http://www.wda.gov.sg/content/dam/wda/pdf/L307C/LPM_ BM_ Low%20Res.pdf, 2012/04/25.

35. Singapore Workforce Development Agency. *Leadership and people management workforce skill qualifications*. http://www.wda.gov.sg/content/wdawebsite/L207-AboutWSQ/L301-WSQIndustryFramework-LeadershipandPeopleManagement.html, 2012/04/25.

36. Statistic Korea. *Korean Standard Classification of Occupations*. http://kostat.go.kr/kssc/main/MainAction.do? method=sub&catgrp=ekssc&catid1=ekssc02, 2012/03/29.

37. Statistics Canada. *National Occupational Classification (NOC)*. http://www5.hrsdc.gc.ca/noc/english/noc/2011/pdf/Printable_ NOC 2011_ version_ E.pdf, 2012/04/11.

38. The National Achieves. *Government Knowledge and Information Management Professional Skills Framework*. http://www.nationalarchives.gov.uk/documents/information-management/gkim-skills-framework.pdf, 2012/03/21.

39. The Singapore Administrative Service. *Singapore civil service*. http://

www. adminservice. gov. sg/SCS/, 2012/03/24.

40. The UK Civil Service. *GSR competency framework*. http: //www. civilservice. gov. uk/networks/gsr/gsr - recruitment/competency - framework, 2012/04/25.

41. Treasury Board of Canada Secretariat. *A Context for Understanding, Interpreting, and Using the Competency Profile for the Federal Public Service Evaluation Community*. http: //www. tbs - sct. gc. ca/cee/stud - etud/context - eng. asp, 2012/05/02.

42. Treasury Board of Canada Secretariat. *Classification standards, point levels and ranges*. http: //www. tbs - sct. gc. ca/gui/ncls - eng. asp, 2012/04/12.

43. Treasury Board of Canada Secretariat. *Competency profile for supervisors*. http: //www. tbs-sct. gc. ca/gui/cmgs-eng. asp#client_ service_ orientation, 2012/05/02.

44. Treasury Board of Canada Secretariat. *Key leadership competencies*. http: //www. tbs-sct. gc. ca/tbs-sct/index-eng. asp, 2012/04/20.

45. Treasury Board Secretariat. *Performance Management Program (PMP) for Executives*. http: //www. tbs-sct. gc. ca/prg/mran-eng. asp, 2012/04/15.

46. U. S. Department of Labor. *Secretary' s Commission on Achieving Necessary Skills*. http: //wdr. doleta. gov/SCANS/, 2012/04/25.

47. U. S. Office of Personal Management. *Classifying White Collar Positions*. http: //www. opm. gov/fedclass/html/gsclass. asp, 2012/04/11.

48. U. S. Office of Personal Management. *Guide To Senior Executive Service Qualifications*. http: //www. opm. gov/ses/references/handbook. asp, 2012/04/11.

49. U. S. Office of Personal Management. *Human Resources Assistance Series*. http: //www. opm. gov/qualifications/standards/IORs/gs0200/0203. htm, 2012/04/19.

50. U. S. Office of Performance Management. *Senior Executive Service Per-*

formance Management System. http：//www. opm. gov/ses/performance/Appraisal/SES% 20Appraisal% 20System% 20Description% 2012% 2020% 2011% 20version. pdf，2012/04/07.

51. UK. Civil Service. *The SCS Performance Management System*. http：//scs. nics. gov. uk，2012/04/04.

52. UK. The Civil Service. *Professional Skills for Government*. http：//www. civilservice. gov. uk/about/improving/psg，2012/04/20.

53. 日本地方公務員法. http：//law. e - gov. go. jp/htmldata/S25/S25HO261. html，2012/03/27.

54. 日本雇用対策法. http：//www. houko. com/00/01/S41/132. HTM，2012/04/06.

55. 日本国家公務員法. http：//law. e - gov. go. jp/htmldata/S22/S22HO120. html，2012/03/27.

56. 日本労働政策研究研修機構. 職業分類表. http：//www. jil. go. jp/institute/chosa/2008/documents/048_ 05. pdf，2012/04/01.

57. 日本職業能力開発促進. http：//www. houko. com/00/01/S44/064M0. HTM，2012/04/06.

58. 日本株式會社人事教育研究所. 中小企業のためのJK 式人事評価制度. http：//www. sabcd. com/23jk-hyouka/index. htm，2012/04/16.

59. 日本総務省人事院. 人事評価制度. http：//www. soumu. go. jp/main_ content/000034086. pdf，2012/04/12.

60. 机械工业职业技能鉴定指导中心：《中华人民共和国职业分类大典》。

后　记

集结成书的过程，是凝聚智慧的过程。作为国外人才发展丛书中国外人才评价发现机制课题的研究成果，《国外人才能力标准与评价》一书的翻译和编写工作得到了中央组织部、人力资源和社会保障部等单位相关领导和专家们的大力支持。在本书即将出版之际，首先需要感谢上述部门领导和同仁们的悉心指导与帮助。同时，衷心感谢中国人事科学研究院的吴江、柳学智、袁娟、苗月霞、甘霞等专家在本书的章节体系、内容安排方面提出的宝贵意见。此外，还要感谢中国人民大学公共组织绩效管理研究中心的李超平、葛蕾蕾、吴丰超、李俊昊、汪之勇、朱奕宏等研究人员为本书的翻译和编写工作付出的智慧与努力。

衷心希望本书能够为我国人才政策制定者、理论研究者和实践工作者在人才能力标准和评价方面提供有益的参考和借鉴，为提高我国人才工作科学化发挥积极的推动作用。

在本书的编写过程中，为了能够追踪和反映目前国外最新的人才评价法规和相关规定，我们查阅和借鉴了大量的外文资料，尽管我们已尽了很大努力并力求完美，但由于时间仓促，加之水平所限，书中的纰漏和不足在所难免，敬请各位同仁、专家学者批评指正，以使本书能够日臻完善。同时，再次向国内从事人才工作的相关部门、党建读物出版社以及广大读者致以最诚挚的谢意！

编　者

2014 年 2 月

图书在版编目（CIP）数据

国外人才能力标准与评价 / 方振邦著；中国人事科学研究院编. —北京：党建读物出版社，2014. 4
（人才强国研究出版工程. 国外人才发展丛书）
ISBN 978-7-5099-0465-7

Ⅰ. ①国… Ⅱ. ①方… ②中… Ⅲ. ①人才-评价 Ⅳ. ①C962

中国版本图书馆 CIP 数据核字（2013）第 284634 号

国外人才能力标准与评价
GUOWAI RENCAI NENGLI BIAOZHUN YU PINGJIA
中国人事科学研究院 编
方振邦 著

责任编辑：杜念峰 **责任校对：**钱玲娣 **封面设计：**创造力

党建读物出版社出版发行
http：//www. djcb71. com
（北京市西城区南横东街 6 号 邮编：100052 电话：010-58587632 / 7681）
新华书店经销 保定市中画美凯印刷有限公司印刷

710 毫米×1000 毫米 16 开本 15 印张 220 千字
2014 年 4 月第 1 版 2014 年 4 月第 1 次印刷
印数：1—3000

ISBN 978-7-5099-0465-7 定价：38. 00 元